后浪
小学堂021

准备好了吗？
开始工作吧！

会社脳の鍛え方　あなたがしていい失敗
してはいけない失敗

［日］小山升 ◎ 著
陈怡萍 ◎ 译

北京联合出版公司
Beijing United Publishing Co.,Ltd.

前 言

现在，拿着这本书的你是幸运的。

如果你正要踏出作为社会人的第一步，心中充溢着梦想和希望的同时，是不是也抱着"公司到底是个怎样的地方？""我到底能不能做好工作？"这样的疑问，并为此感到一丝不安呢？

本书就是为这样不安的你准备的。这本书细致入微地记述了"公司是什么""公司新鲜人应该怎样工作"等职场心得。

另一方面，如果你是刚入职场2~3年的初级员工，差不多已经习惯了职场生活，虽已不会像新人一样惴惴不安，但却暗自焦虑"工作好像也没什么意思""这一辈子就这样了吗"。

本书也是为这样焦虑的你准备的。书中为你细细撷取了让工作变得有趣、让人生变得有意义的秘方。

鄙人经营的公司武藏野，有两大支柱业务。一个是作为DUSKIN①公司的代理商，从事向家庭和企业派送、调换蹭脚垫和拖把等工作，是相对单纯的商业模式。

另一大业务是经营支持，即以全国的中小型企业为对象，开展座谈会、公司参观学习等帮助公司运营的咨询业务。这项业务近年来迅速扩展，目前已有超过500家企业成为我公司会员，积极开展各项学习活动。

这样的商业模式对于年轻的你来说是不是有些难以想象呢？清洁公司这样体力密集型略显土气的业务和经营咨询这样智慧密集型闪闪发光的业务，两者看似有云泥之别，却竟然在同一家公司并存。

然而，有着这样的不同，恰恰是作为企业的天然属性。最初的武藏野可谓是后进生员工的大本营，在成功完成改造之后，想要知道其中窍门的咨询纷至沓来，于是便在2001年创设了咨询部门。在这个部门工作的员工，也大多是从清洁业务部转职过来的。

为了适应多变的市场需求，企业需要不断改变自己的形态。培养这种迅速适应变化的能力，正是我想让你肩负起来的任务。

人都是追求安定的动物，所以往往会对工作内容和

---

① 日本著名清洁公司。——译者注

方式的改变感到不适。但只要能积极主动地捕捉到这种变化带来的活力，就可以让工作变得有趣且有意义。这样的观点将在本书中反复强调。

到目前为止，鄙人已著有50多本管理类书籍，其中绝大部分是写给公司总经理的。特别对于中小企业来说，总经理即公司本身，因此如果总经理不认真学习，不时刻保持危机意识，整个公司的前景也将堪忧。

但是，如果仅仅是总经理一个人学习，独自抱着危机意识来经营公司，公司也同样得不到成长。一己之力能做的事情毕竟有限。无论如何他都需要能够领会其精神并贯彻执行的人才。

这个人才就是你。暂不论现在的你是何状态，5年或10年后，你必须要成为使公司上下一心、助力公司成长的原动力。因此，在你刚刚开始工作的这个关键时刻，端正心态、掌握正确的工作方法变得尤其重要。

如今的运动健将和音乐天才，小时候也肯定经历了异常艰苦的打基础阶段。但是只有奠定了扎实的基础，能够灵活运用学到的东西，将来才能变得轻松，才能见招拆招打出好球，才能将细腻的情感通过键盘表现出来。这样的乐趣，我希望你也能从工作中感受到。

我将在本书中反复提到，总而言之，不管是什么工作，只要冠上了"工作"的名号,全部都是需要劳神费心的苦差事。但是,这也取决于你的心态。如果有一个好的心态,再辛苦的工作,也是可以发掘出数不尽的乐趣的。

遗憾的是,我们中有许多人还未品尝到个中乐趣就早早地结束了自己的职业生涯。所以我绝对不希望这样的事情发生在你身上。希望在接下来长达40年的职业生涯中,你能够充分享受到工作的乐趣。鄙人亦已著有可供参考的相关书籍。

本书对于现在的你来说,或许是一剂太过于苦口的"良药",偶尔也会用词严厉,但请不要为此感到沮丧。从本书的内容中,从你认为简单的内容开始,慢慢进行实践,就算是不情愿不用心也不要紧。就当自己是被洗脑也好,请从简单的开始,立刻行动。

届时你应该会发现,原本黯淡无光的社会人生活,突然散发出了光彩。你会发自内心地觉得"我最近好像成长了呢""最近好像工作越来越得心应手了"。我可以保证,这样的改变用不了很久。

如果你读了本书却没有付诸实践,那么还不如现在就放下。对于如今的你来说,当务之急不是考虑这个那个或者烦恼一些有的没的,而是立刻行动起来。这一点也将在书中被不厌其烦地提到。

好了，接下来是对恰好拿到此书的管理人员和经营者说的话。如同之前所写，本书是面向职场新人和初级员工的，对您来说难免会显得幼稚。

但是，千万不要因此轻视它。连这么幼稚的道理还没有搞懂的，恰恰是您的下属。而对于"下属连这么简单的道理都还没有搞懂"这个事实还不了解的，正是您。

从这个意义上看，也可以说本书的读者群包含了管理经营层。如您翻阅后觉得它确有可用之处，请务必推荐给您的同事或下属。届时如果不是以传阅的方式，而是推荐一人一本，出版社和鄙人都将倍感欣喜。

另外，在此书出版之际，承蒙日经BP社的吉冈阳先生长久以来的关照，特此表示衷心的感谢。

完稿前的作品只有107页，所以如果没有吉冈先生时而让人感到疯狂的坚韧工作态度和充满侠气的坚定支持，就绝没有此书的诞生。

这样感人的情谊，以后怕会以将策划、编辑的名誉赋予吉冈先生，版税交付鄙人这样的形式继续延续下去吧。

武藏野股份有限公司董事长　小山升

2013年2月

目 录

前 言……………………………………… 1

第1章 走上社会是为了迎接失败……………… 1

1. 你不过是站在了又一条起跑线上 3
1个事实，2种理解 4
一点点小差距会带来大大的不同 5

2. 你现在是公司的"负债" 6
你离为公司带来利润还差几年 7
"靠记忆力决胜负"只是学生时代的游戏 8

3. 你应该轻率而为 10
没有经验所以犯错再正常不过 10
学到的东西要即刻实行 11

4. 你的失败只不过是小小的"误差" 13
不管失败几次都没关系 14
犯错多是行动力的证明 14

5. 你应该向上司寻求具体的批评　17
　　被提问的话他就不得不给出具体的答案　18
　　真正糟糕的上司在不久后就会被淘汰　19

6. 你的错误是对公司的贡献　21
　　公司里犯错最多的人是总经理　21
　　你犯的错误已在公司的预算中　22

7. 犯错的责任让你的上司承担　24
　　成功了是自己的功劳，失败了是上司的责任　24
　　办事还得靠行家，投诉还得交上司　25
　　收到投诉要大声宣扬、搅乱全公司　26

8. 你现在在打循环赛和团队赛　28
　　现在的你，不管犯几次错都没关系　29

9. 下手一快，成功一半　31
　　你也经常在果断行事　32
　　不快速行动便追不上市场变化　33

10. 你要立即行动，与同期同事拉开距离　34
　　下手快而夺得权威大奖　35
　　进入社会不是为了打败仗　36

11. 要感谢向你作出错误指示的上司　38
　　不手把手教你是理所当然的　39

接下来会有更多不合理的事情让你应接不暇 40

12. 可以犯的错误和绝对不能犯的错误 41

　　犯错要第一时间报告 42

第2章　公司不是用来工作的地方 …………… 45

1. 在公司里，一切用数字说话 47

　　在公司里，能拿出数字的就是人才 48

　　养成用数字思考一切工作事务的习惯 49

2. 用数字思考身边的一切事物 50

　　"用数字思考"指的是保持一颗对知识的好奇心 52

3. 跟了糟糕上司？请感谢这样的幸运 54

　　无论跟了什么样的上司，都能有所成长 55

　　"下属无法选择上司"：接受这个不合理的现实吧 56

　　一名精英记者的受挫和发奋 57

4. 就算是最差最差的公司，也要试着忍耐3年 59

　　主动选择了坏公司的就是你自己 60

　　跳槽去更好的公司不太可能 61

　　对自己的决定和言行负责 62

5. 时刻给自己一个短期目标 64

　　总经理也不想去上班 65

有目标所以能努力　66

　　工作没有乐趣是因为没有目标　67

6. 决定好目标就能明确"现在该做什么"　69

　　首先设定一个目标吧　70

　　提出超高目标，行动就会改变　71

　　完成一个目标后设立新目标　72

　　公司的一切都是从作出决定开始的　73

7. 提高业绩就一定会有回报　75

　　提高业绩不可懈怠　76

　　放弃努力等于放弃人生　78

8. "提高业绩"是现在你能做的最好的工作　80

　　瞄准"净是比自己没用的人的公司"　81

　　得到了 DUSKIN 总经理的提拔　82

　　小小的契机带来人生大转折　84

9. 判断你业绩好坏的是客户　86

　　你最终还是要交出具体的业绩　86

　　"我要比他多一倍"　87

　　搞错目标就没办法提高业绩　88

　　"努力了""辛苦了"跟业绩没有关系　89

第3章　现在应该是你全身心投入工作的时期 ……………… 91

1.将自己置于"不得不去努力"的境况中　93

想要维持决心，需要外部因素　93

本书本应于去年同月出版上市　94

责编忍无可忍，终于开始提笔　95

我是以"正确"的方式撰写本书的　96

你一直在被宽容对待着　97

2.搬出父母家，请独立生活　98

正是因为辛苦，更要努力坚持　98

和父母同住＝占了便宜　99

我女儿可是全世界最可爱的　100

独立生活，对本人和公司都有益　101

3.尽量住在公司附近　103

雷曼破产事件后业绩平稳提高的房地产公司　104

笔试成绩和工作业绩之间的差距在哪里　105

不要小看通勤时间　106

支付"近距离补贴"的公司　107

以"无换乘30分钟"为标准　108

4.每天早晨，请早于规定上班时间30分钟进公司　109

勤则万能　110

被下属"篡权"的男人 110

"早晨30分"最终成为压倒性优势 112

成功人士都是"朝型人" 113

你还要工作40年左右 114

5. 请有效利用碎片时间 115

工作间隙是提高业绩的关键 115

车窗外的风景也关系到业绩 116

招聘广告是最好的销售工具 117

你是否认真阅览过客户公司的网站 118

路上的碎片时间最适合处理工作 119

你应该做的是"工作" 120

6. 请模仿上司和前辈正在做的事情 122

模仿时不要掺入个人创意 123

在职场上,个人创意不会带来任何价值 124

受不受欢迎也是风水轮流转 125

配备与上司同款的随身物品 127

7. 请尽可能与优秀的人在一起 128

给总经理拎包也能大有长进的员工 129

你来邀约,主动接近优秀的人 130

把酒言欢,拉近距离 132

8. 了解并发挥自己的长处　134

　　每个人都各有所长　135

　　"寒暄彬彬有礼""喜欢招呼客户"——这些都是长处　136

　　能使短处隐形的就是工作上的"赢家"　137

　　不是前辈抑或上司，他们是你的"伙伴"　139

第4章　多用心一点点，你就能成为"工作达人"……………141

1. 平常多与上司交流能更好地推进工作　143

　　新任务优先于旧任务　144

　　难以判断之事，交给上司定夺　145

　　"报连相"：让上司知道自己的工作成果　147

2. 前辈和上司都是你的助理　149

　　"很行的家伙"善于利用前辈和上司的力量　150

　　不耻下问，业绩上不去才是真耻辱　150

　　随时随地说"谢谢"　151

　　在众人面前表达感谢　153

3. 做笔记是为了忘记　155

　　养成定期返读笔记的习惯　156

　　不能把做笔记本身当成目的　157

　　记完笔记要确认　158

便条纸上写笔记，贴于日历上　159

4. 请勿执着于100%完成计划　161

先从"执行"着手　162

计划=假定　162

反复地执行与确认，计划慢慢成形　163

制订计划是为了表示与现实存在的差距　164

好的方面"继续执行"，差的方面"加以改善"　165

出不出成果，只在于努力上的细微差别　166

找出客户购买的"绝对动机"　168

5. 请反复阅读这本书　169

主动？被动？是否有"乐趣"是决定因素　170

不要忘记"被赋予的工作"　171

改日在某处见面吧　172

出版后记 …………………………………………… 173

第1章

走上社会
是为了迎接失败

1. 你不过是站在了又一条起跑线上

　　首先抛砖引玉一下。对于刚进社会不久的你，就从那些乍一想觉得理所当然，实际容易忽视的方面谈起。

　　遇上史无前例的经济不景气，你也顺利找到了工作，是不是有一种肩膀上的重担一下子卸下的轻松感？试着回想一下收到offer的那一刻吧。每每想起那些漫长又煎熬的求职面试经历，都有一种"总算到达终点"的尘埃落定感。

　　这样想你就错了。**求职成功并不代表到达了终点**。而是意味着你终于来到了起点。参加工作，确实是你学生时代的目标。但从踏入社会的那天起，你就站在了一条全新的起跑线上。那么，起跑线上的选手应该做些什么呢？没错，必须开始前进。什么时候才是终点？就是你迎来退休的那一天。

◎ 1个事实，2种理解

以前曾听过这么一个说法。

"眼前有个盛了半杯水的杯子。你心里会想'只剩下半杯水'，还是'还有半杯水'呢？以此可以看出一个人的人生态度。"

你明白这是什么道理吗？**因为根据对事物的不同理解会采取不同行动，结果也将截然不同。**

杯子里确实有半杯水，这是无可争辩的事实。但是，对这样一个事实可以有两种理解。心里希望把杯子里的水装满，但是如果光想着"只剩下半杯水"而放弃，让水白白蒸发掉或者干脆把水洒了，最终也会一无所有。相反，如果抱着"还有半杯水"的积极想法，耐心等待着，总有一天能把水杯盛满。

我们来把这个道理放到就业上：以为找到工作就完事了，一下子松懈下来，那么过不了多久就会落后于人，会被那些把找到工作作为新起点而激励自己的同辈，甚至后辈超越过去的。

就这样被他们打败你也无所谓吗？只能眼巴巴地羡慕他们飞黄腾达，自己的工作也没了奔头，这样真的好吗？请好好考虑一下。

你从严酷的求职战争中幸存，漂亮地拿到了offer，想要稍微松口气的心情我非常理解。但是，安心舒适的日子只可以到今天为止。在你拿到这本书之后，请立刻转换心态。

是的，"立刻"！然后请郑重告诉自己"我现在站到了起跑线上"。

◎ 一点点小差距会带来大大的不同

你知道"蝴蝶效应"这个词吗？这是一个比喻，指的是一只飞舞在北京天空中的蝴蝶，偶尔扇动几下翅膀就可以在纽约引起一场风暴。

你是不是觉得这是胡说八道？其实我也觉得。传闻说这个理论已经在"混沌力学"的一个分支学说中得到了证明。

这么一来，可以说工作也是一样。转变思想，考虑清楚"现在站到了起跑线上"这个事实，就像蝴蝶扇动翅膀一样是个微小的变化。但这一小小的变化，将在5年、10年后变成巨大的财产回馈于你。

2. 你现在是公司的"负债"

你现在年纪轻轻，便将本书拿在手里，试图寻找改进工作的启示，一定是个优秀而有想法的人。你虽然顺利完成了进大学和入职这两件人生大事，但进入社会后情况就完全不一样了。

在入职仪式上还做着美梦，但不到半年就屡屡碰壁，想着"不应该是这样的呀"，甚至完全失去了信心。不仅仅是你，很多人都是如此。新员工做工作完全不行是很正常的。所以，现在没有必要为此感到沮丧。

此刻的你对公司来说，只是单纯的负债而已。

你可能不会想到，员工的招聘成本其实是非常高的。就连我们武藏野这样典型的中小型企业，在招聘方面的支出也远远超过了 1000 万日元。制作各种公司资料，召开公司说明会，在招聘网站上打广告等费用，加上相关人员工资，轻轻松松就超过了这个数。

即便如此，每年真正聘用的应届生也不过十几人。平均招聘一个人的费用大约是100万日元。我们公司的主力业务DUSKIN代理是典型的薄利多销类型，因此这样的支出相当"肉痛"。

◎ 你离为公司带来利润还差几年

招聘虽然完成了，但接下来还是辛苦活。

不仅招聘的成本尚未收回，还要花很多时间去培训。培训期间也要支付薪水。这对于公司来说也是不能忽视的一项支出。

尽管如此，你离做出配得上薪水的工作，还有很长的距离。这也是一般而论，而应届生从入职到能让公司回收各种招聘的成本，给公司真正创造利润，最快也需要3年时间。

你现在能理解"你是公司的负债"这句话的意思了吗？公司是先行投资才将你招聘进来的。

话虽如此，你也无须感到沉重。公司就算付出了许多费用，真正需要的还是你这个人。所以，不尽快成长为能够独当一面的员工可是不行的哟。

◎ "靠记忆力决胜负"只是学生时代的游戏

你在学生时代掌握了考试和社团活动的要领，混得如鱼得水，想当然觉得"工作也一定能顺利吧"，认为工作以后也会延续学生时代的"盛况"。

确实，在学生时期有着拼命学习和热心参与社团活动经验的人，也相应地比较容易取得成绩。但是我要说，不能就这样翘尾巴。你能够在学业和课余活动上取得成果，是从小开始学习和玩乐积累的结果。所以在升学过程中也能一路活用。成为社会人士以后，就丝毫不能抱有这样的状态可以一直持续的想法了。

武藏野的二把手是矢岛茂人。他从早稻田大学毕业后，就回到了老家信州，进了父母创办的当地最大的旅游休闲酒店开始工作。虽说已经是副经理，但由于种种机缘，后来进了我们公司。

说起来，在那个时期的"后进生团体"武藏野中，矢岛是个出类拔萃的精英。即便如此，他也足足花了1年以上的时间才把工作牢牢掌握。而且当时我们公司还没有开展经营支持的业务，在做的仅仅是清洁用品交易这样单纯的商业模式。

所谓工作就是如此。一眼看上去觉得很简单，内里却**有着复杂而精细的结构，在客户、供应商之间存在着微妙的势力均衡。**

你要成为独当一面的社会人士，不外乎要领会这里面的种种，采取最妥当的行动。而要达到这个目的，**需要的只有一样：经验。**

学生时代的考试竞争，靠的是记忆力。而社会人士只凭记忆力是无法获胜的。这个世界依靠的是活用经验。请务必将这一点铭记于心。

3. 你应该轻率而为

关于"经验",请再思考一下。

以我长达40年的职业生涯来看,你现在的经验值相当于零。当然,接下来不慢慢积累经验是不行的。但就我看来,**越是优秀的人**(比如手拿本书的你),**越是不善于积累经验**,这种情况非常普遍。

越是优秀的人,反而越是会在采取行动前考虑这样那样的东西,比如"这回不要出错""怎样才能做好呢"。所以怎么也不肯出手,迈不开腿。当然,更谈不上积累什么经验了。

◎ 没有经验所以犯错再正常不过

不想犯错,想顺利完成工作是作为人的正常心理,我不会责备你这个想法本身。但是请不要误会。我重申，你作为社会人的经验，目前依旧是零。

凡是没有经验的人，做事往往不会成功。不管你思考得多深入，进行多精密的模拟练习，**初次尝试的事物百分之九十九都会以失败告终**（就算成功了也不过是运气，并不是实力）。所以说最好尽快开始行动，早早积累经验。

"好好想清楚了再行动"。从小开始，我们都多少听过这样的劝诫。一般来说的确如此。但在职场新人、初级员工的词典里却是无用之言。我经常这样教导我们公司的应届生员工：**"先做再想。"** 说通俗点就是"有空在那里扭扭捏捏想歪理，还不如赶紧干活"。

我们公司应届生员工的水平也就一般（不是谦虚也不是其他什么），不知不觉我就变成了这种语气。首先要行动起来，这个原则对你也适用。

刚进社会不久，**你应该轻率而为**。

◎ 学到的东西要即刻实行

我之所以如此重视经验的积累，是因为学到的东西如果不亲身体验是不会真正掌握的。

中学时我们学过因式分解和联立方程式吧，但那时候也没有能立刻拿来解决实际的应用问题。练习过几个基础题以后，抓住了一定的感觉，才总算可以挑战一些困难的题目。

在公司也是一样的道理。我想你现在肯定也在通过讲座授课或OJT（On the Job Training，在职训练）学习很多东西。寒暄的方法、递名片的方式、打电话的礼仪、关于自己公司的商品和服务内容等。

学了这些知识以后一定要即刻实行。递名片的话，就试着真的递给客户。商品知识的话，就试着介绍给客户听听。这样一来经验值才会上升。

4. 你的失败只不过是小小的"误差"

读到这里,你或许会有这样的想法:"虽说要轻率而为、先行动后思考,但真的犯错了怎么办?犯错的话会给周围的人添麻烦,上司对我的评价也会降低,职场环境会变差。这样可怎么办呢?"

你会这么想,是因为你的头脑还受到学生思维的牵绊。

不对,其实这也有无可厚非的成分。学校是一个不达到分数线就不能入学、不达到及格线又不能升学或是毕业的地方。也就是说你之前生活在一个不允许失败的世界里。

◎ 不管失败几次都没关系

但是请放心,公司和学校是不一样的。重点是,只要最终能给公司创造利润，只要不是重蹈覆辙，那么**不管犯几次错都没关系。在这里，有的是给予失败者复活的机会。**这，就是公司。

进一步说，学校的考场通常不允许带词典或者参考书，但在公司却是"开卷考"。不但可以向优秀的前辈请教答案，**甚至可以"作弊"——参考成功案例。**

直白点说，单打独斗解决问题取得较低分数的人，和通过作弊取得较高分数的人相比，反而是后者得到的评价会比较高。所谓公司就是这样的地方。所以请不要顾虑太多，行动起来，然后积极地犯错吧。

◎ 犯错多是行动力的证明

我都这样说了你还是觉得不安心？啊，对了，你是在担心"之后"的事情吧。

但是，这就多虑了哦。你本来就是个半拉子般的存在，委托给你的事情、相应的责任，一般也不会那么重大。**所以就算犯错，对公司的影响也是可以忽略不计的。**你再怎么犯错，放在整个部门、整个公司来看，也不过是可容忍范围内的误差而已。

有时候犯了错，会受到上司批评。这种批评，对你这样一个从优秀生一路走来的人来说，也许是种屈辱。

但请不要往心里去。上司批评的，基本上是你犯了错这个"事实"本身，而不是在批评你的人格或者否认你的天资。当然，社会上也有不少感情用事破口大骂的上司，批评方式非常拙劣，这个时候你就要成熟一点。

基本上你的上司，都比你想象的要忙。**新人搞砸事情对他们来说是每年的固定节目**，早已经见怪不怪。初级员工犯错，也是他们走过的路，对你犯的错不会感到惊讶。所以我可以断言，只要是在正规的组织中，年轻的你犯点错误，不会造成评价下降，更不用说人际关系变差，产生什么隔阂了。

如果什么都不做当然也不会犯错。反过来说，犯错是你在发挥行动力的证明。而**这种行动力，正是上司对你最大的期待**。

武藏野的员工小岭淳，进公司9个月就被提拔为课长①。他刚进公司1个月就被投诉，但却以此为契机，咬紧牙关为争取新客户积极采取行动。另外，作为新员工，他还打破常规写了检讨书。在我们公司，如果写过两份检讨书，奖金就要减半。但是，什么都不做的员工当然

---

① 相当于中国的部门主管，欧美企业的 team leader。——译者注

不会犯错。结果，最终我们评价他的工作时，认为他即便为公司添了麻烦，整个方向却是积极向上的，于是在如此短的时间内就让他做了课长，并且10年以后把他升为了部长。

5.你应该向上司寻求具体的批评

话虽如此,可时常也会听到这样的反驳:"是这样吗?我的上司可是会大发雷霆的。""上司骂人的时候真的没法相信他是对事不对人啊。"

确实,社会上也有些上司会混杂着私人情感否定下属的人格。运气不好的话,你遇到这种上司的可能性也是有的。

万一碰到该怎么办才好呢?

申请换岗?这是没有意义的。

世界上有很多种人,其中总有一些类型跟你合不来。你应该认识到这是个无法改变的事实,就算不合理也不得不接受。现在只不过是恰好遇到那样的上司,不停抱怨甚至意志消沉是没有办法在社会上混下去的(在社会上吃不开)。

你要是觉得"我跟这个上司脾气合不来"就随便应付，这样的话你的上司应该也会觉得"这个新人真是个不听话的家伙"。结果就是彼此彼此。

这个世界不会以你为中心转动（事情能按照你的想法来，这样的情况实在少之又少）。既然已经进入社会，就要把这一点牢牢地铭刻在心。

再次说明，你的失败只不过是小小的"误差"。如果上司总是念念不忘、絮絮叨叨，动不动就旧事重提，那他要么是太闲，要么就是性格有问题。当然你也不是唯一的受害者，他的上司也会隐隐察觉到问题。

随后我会详细阐述，这样的人迟早也是会被组织淘汰的。

◎ 被提问的话他就不得不给出具体的答案

你会一直对上司的骂声逆来顺受，默默等待暴风雨过去吗？

事实上，这样也是不对的。

感情用事的愤怒，往往不小心就会升级为对你的人身攻击。长远点看这也是一种必要的固定仪式，但对于刚进入社会的你来说是没有用的。

那么到底怎么办才好呢？正确答案在这里。

直接提问："**十分抱歉。那么到底是我哪里做得不对，请具体告诉我。**"

被下属这么问，上司就算不愿意也不得不停止抽象的怒气，转为指出具体客观的缺点。"具体"指的是人可以基于此而行动的东西。

于是，怒气冲冲的上司本人也会有所注意，从而会将"感情用事的怒气"悄悄转换成"基于事实的合乎逻辑的指摘"。这样一来，对你来说，上司说的话也就会变得容易接受了。

面对骂起人来一秒变恶魔的上司，要问出"哪里做得不对请告诉我"，对于现在的你来讲可能无法承受。但请不要胆怯，下定决心就这样做。

因为这根本不是要你和上司在理论上赢过他，只是单纯地请求指示而已。这样一想是不是感到轻松一点呢？

不对，还不如说如果你不这么做的话就是你的不对。因为不主动去了解自己的不足之处，和把自己的成长扼杀在萌芽状态没什么两样。

◎ 真正糟糕的上司在不久后就会被淘汰

什么？你说"如果遇到就算问了也不给具体指示的

上司怎么办？"真是的,我都说了这么多次"请轻率而为"了，你还真是个慎重的人呢。

但是，这个也无须担心。如果你的上司是这一类型，那他能当上领导一定是哪里弄错了。在不远的将来就会被总经理或者他的上司判断为"不适合在管理层"，被驱逐出"出人头地"的队伍。

你所在公司的**总经理看公司内部的眼光，比你想象的还要仔细很多倍**。人际关系怎么样，谁在努力工作，谁在消极怠工，他是不是能担当起这个职责的人才等等，他都一清二楚。

把糟糕的管理者就那样放在那个位置上这种看起来迟钝的行为，本来就是总经理无所作为的结果。所以你可以安心地与上司"顶嘴"。

6. 你的错误是对公司的贡献

我之所以劝诫你要犯错，是因为这是人成长道路上最好最丰盛的精神食粮。小时候学过骑自行车吧？你一开始就能骑没有辅助轮的车吗？不能骑吧。数次跌倒在地，有时撞到电线杆子，有时掉进沟里，吃了许多次苦头才逐渐学会骑车的吧。

工作跟骑车也是一样的道理。受到上司批评、被客户责难，羞耻难过的同时也积累着经验，增长了工作的智慧。就像这样积极地去犯错，提醒自己下次做对，心态归零。这就是你作为社会人成长下去的捷径。

◎ **公司里犯错最多的人是总经理**

你所在的公司里有工作十分出色的前辈吧。或者至少有一个让你以"想成为那样的人"为目标的上司吧。我可以断言，他们在新人时代肯定犯下了大量的（绝对不是现在的你能比的）错误，所以在工作上才能如此出色。

顺带一提，你觉得在公司里谁是犯错最多的人呢？这个我也可以断言，就是总经理本人。他比其他任何人犯的错都多，然后从错误中学习、活用经验、成长起来。有了这样的储备，才可以胜任总经理一职。你犯的错误对公司来说不过是小小的误差，但总经理的错误却极易导致公司破产。他每天都在作出困难的经营决策。之所以有能力这样做，正是因为从无数小错误的积累中，学到了经营的智慧。

到现在为止，你应该从考试、就职等活动中体味到了很多次成功的滋味。这对你来说是一生的宝藏。但是，从"学习""成长"的角度来看是怎样的呢？在这一点上我也打开天窗说亮话：**人不犯错是学不到东西的。对于现在的你来说，有必要去犯错以及从失败中学习。**

◎ 你犯的错误已在公司的预算中

我在我们公司的入职仪式上一定会这么说："各位应

届生新员工,这次你们进入我们武藏野公司,真是一件令人惋惜的事情。"到这里他们觉得我是在讲笑话,当耳旁风听过就算了,但听到我接下来的话就会露出大吃一惊的表情。

"我对大家并没抱有期待。"

大家会惊讶也是理所当然。偏偏在入职仪式这么阳光的舞台上,而且又是总经理亲口说出这么负面的话。

我的讲话还有下文:"我不期待大家刚进公司就能早早地提高业绩。只是希望大家能多多犯错,多多给公司添麻烦。"

新人做不好工作再正常不过,所以失败也是情理之中。作为公司来说,早已把新人犯错这些事情计算在了成本之内,因此请不要害怕,积极行动积累经验。这么说之后,新人员工们的脸上全都浮现出放心的表情。如果连容忍新人犯错的余地都没有的话,那不是上司很没出息,就是公司经营本身有问题。

在你们之中,也有从上司手中拿到这本书的人吧。这样的上司绝对OK。他应该在期待着你犯错。如果是你自己买的书,那更没问题了。既然通向成功的道路上失败在所难免,那么**你的错误毫无疑问是对公司的贡献。**

7. 犯错的责任让你的上司承担

但是，就算这样你可能还是有些担心吧。

"公司内部事务或者杂活什么的，积极地行动，然后犯错了还可以容忍。但如果做的是面对客户的工作呢？如果发展为被投诉岂不是糟糕了吗？"

你能这样思考证明责任心强，非常好。但我的答案还是那一个：**请积极行动，积极犯错。**

◎ 成功了是自己的功劳，失败了是上司的责任

为什么？你还是个没有成熟的新人，你的上司无疑是最清楚的。可是他依然对你下达了"接待客户"的命令，就等于作出了"你在客户面前犯错也没关系"的指示。也就是说，**你在客户面前犯的错，不是你，而是你上司的责任。**

因为你的笨拙导致客户投诉，后续跟踪处理就会多出很多事情来。这个时候就要马上向上司寻求帮助。因为不管怎么说他才是对事件负责的人。说难听点，就是**让上司替你擦屁股**。

"成功了是自己的功劳，失败了是上司的责任"。能转变为这样的态度就刚刚好。

你也不需要担心会给上司添麻烦。再说一次，这本来就是上司必须担起责任来解决的问题。他拿着比你多的薪水，这一部分"工作"也是包含在内的。不愿意给犯错的下属擦屁股，就等于放弃了他的本职工作。

而且，本来管理层就是为了应对客户投诉这样的非常规事态而存在的。你犯了错误造成客户投诉，一方面也是"给上司制造机会"，所以还不如堂堂正正地挺起胸膛。以总经理的眼光来看，我就是这么想的。当然，当有一天你也有了自己的下属，那么这样的"工作"也会降临到你头上。

◎ 办事还得靠行家，投诉还得交上司

你可能也渐渐明白了这一点，在公司里通过解决客户的投诉，人才会成长起来。换句话说，投诉是客户对

于其看到的"业务不足点"的指摘。惭愧地说，我们公司也毫无例外地有被投诉的情况。每天都有"约定的时间没有收到货""送来的不是订单上的东西""钱找错了""业务负责人态度差"等各种投诉。

慎重起见，我再强调一遍，真的是"每天"。每一天都有投诉。每次都要店长和相应的职员一起去客户那里道歉。经常也有解决不了的时候，我这个总经理就不得不亲自出马去客户那里道歉。（有一次为了处理客户的投诉，我甚至中止了和妻子的京都旅行，急急忙忙赶回东京，和部长飞山尚毅一起去会客。）

总之，你的上司在投诉方面是专家。安心将事后处理交给他就行了。"办事还得靠行家"。

将投诉交给上司还有一个好处，那就是上司自身也能从中学习。"这个工作对××君来说是不是还太早了""下次教他一下这样的事儿吧"等等。这对你自身的成长来说也是大有裨益的。

◎ 收到投诉要大声宣扬、搅乱全公司

还有一个我希望你绝对要遵守的原则：**不要掩盖错误**。害怕投诉的事情败露便一个人私下处理了事的话，不但没有一个人能理解你的窘境，也不能让你亲身体验怎样正确处理投诉。对你自己来说也是难得犯了一次错误，却没有从中学到点什么。

如果惹恼了客户，应该要嚷嚷"不好啦，不好啦"，让全公司都知道，给周围的人添麻烦（让周围的人替你想办法），根据情况有时也可以把总经理拉出来，这样才正确。

根据投诉内容的不同，有时候需要你和上司两个人一起去客户那里道歉。再怎么说"投诉不是你的责任"，看着因为自己的错误而向客户低头，承受客户斥责的上司的模样，你一定也会有所触动吧。

这个时候，就可以认为你作为社会人已向前迈进了一大步。

8. 你现在在打循环赛和团队赛

当然，在这个世界上，对错误不宽容的公司也是存在的。特别是金融机构，因为处理的业务须更加慎重，所以对待错误比较严苛。只因看错了一点点账单的内容造成损失或者借出去的钱收不回来，就把行长或者相应的管理层调职甚至降职这样的事情，我也有所耳闻。

"有这样的事情啊。果然没有比不犯错更保险的了。"你一定会这么想吧。

确实，随着公司的规模越变越大、晋升级别越来越高，淘汰赛的氛围就越来越浓厚。也就是一旦犯错就基本玩完。接下来如果不能拿出让人眼前一亮的业绩，恐怕很难再回归一线。这样的公司也确实存在。

嗯？你说小山不是在第14页说过"（在公司）有的是给予失败者复活的机会"吗？

非也非也,请仔细听好哦。形成淘汰赛的前提是"公司规模越变越大、晋升级别越来越高"。对你这样的职场新人、初级员工来说,还不具备出席淘汰赛的资格。要说那你是在参加啥比赛?循环赛!和职业棒球赛一样呢。重点是最终取得60回合的胜利就能夺得最佳投手[①],在那之前输个两三次对结果没有影响。

◎ 现在的你,不管犯几次错都没关系

你现在参加的是循环赛。这一点无论是金融业也好,还是传闻对个人业绩评价特别严格的外资公司也好,都是一样。而且更妙的是,**你不是一个人在战斗**。有跟踪辅助你弥补失误的前辈,有以强打为豪的上司(带领大家冲在前面)。你正在和这样一群经验丰富的队员一起,与其他竞争企业战斗着。

根据情况不同,你终究也会遇到"绝对不想输"(不想犯错)的局面。到那时,不要独揽下来,请向前辈和上司寻求帮助。只要自己尽力,没什么不好意思的。对

[①] 美国国家职业棒球员协会排定每个队打140场比赛,其规定投球局数为112局。在每个队76场比赛中80%的比赛场数为60.8,相当于60场,这60场是评定最佳投手的最低投球局数要求。——译者注

前辈来说，没有什么比被后辈依赖更高兴的事情了。而且，所谓公司，本来就是为了这样组成团队去赢得比分而存在的组织。

有一天你也会晋升，或者跳槽去更大的公司，会有不得不遭遇淘汰赛的机会。为了在那时候不打败仗（或者说就算失败也能将损失降到最低），趁现在还能参加循环赛、团队赛的时候多多犯错，然后多多学习是非常有必要的。

不一定要赢得漂亮。纵使被先得20分，这边再夺回21分，在9个回合里结束比赛就好①。即便是像业余棒球这样低水平的比赛，胜利就是胜利。完全没有必要非要赢得金牌。所以，不怎么好看也罢，总之先挺起胸膛站到击球区去吧！

---

① 职业棒球一场有9个回合。——译者注

9.下手一快，成功一半

到目前为止我都一直在说"不要害怕失败"。从错误中学习，对新人、年轻人来说特别重要。我特意劝诫你们"要轻率而为"的原因，不止于此。不害怕犯错、下手动作快，实际上是通向成功的最短路径。

快要从学校毕业的时候，参加过有纪念意义的毕业旅行吧？也有不少人是去了国外吧？那么，你是怎么决定旅行计划的呢？预先小心谨慎地做了充分的准备工作吗？肯定没有吧。可能事先浏览过一些旅行指南，但大部分还是"见机行事"，闭着眼睛先出发再说。

那么，这样"闭着眼睛出发"的旅行怎么样呢？

不熟悉当地情况，语言也基本不通，当然旅费也不多，我想一定吃了不少苦吧。但是，平安归来以后再回头看，被无良出租车司机敲竹杠、被强迫购买了奇怪的土特产这些糗事,现在应该也变成了美好的回忆。这么看来,这次旅行也算很成功不是吗?

如果当时想着"再准备充分一些""再把语言学好一些"会怎样呢?有可能永远都去不成了。当然,学生生活最后的回忆也没法留下了。

归根到底一句话:下手一快,成功一半。

◎ 你也经常在果断行事

你应该也有过不知不觉就迅速行动,然后取得成功的经验。

举个身边的例子,你有电脑和智能手机吧。是在阅览了堆积如山的信息杂志、参考书,掌握了充分的商品知识以后才去购买的吗?不会这样吧。看了朋友买的,听了店员的简单介绍,凭着模棱两可的知识,觉得"应该差不多吧"就买了。

并且,也不会把厚厚的说明书的角角落落都读完,被细小的设定难住也就自己研究一下,在把玩的过程中不知不觉就能够熟练使用了。

这个世界上的一切事情都是"闭着眼睛出发",然后克服一些由此产生的小困难,最后达成目标的。

◎ 不快速行动便追不上市场变化

闭着眼睛下手，当然在生意场上也是常有之事。

你一定认为，公司在拓展新业务，或者投放新商品、新服务之前，事先做了缜密的市场调查工作吧。

错了。不对，当然也不是完全不做调查工作，但绝大多数还是闭着眼睛下手的。实话说就是**"走一步看一步"**。

"提供这样的服务，客户会满意吗？"

"怎么办呢？还是先试试再说吧。"

总经理和管理层就是这样交流的。千真万确哦。

不过难免会让人觉得"这样真的可以吗？"

与其回答说"这样可以"，不如说除了这样也没有别的办法。市场和客户情况分分钟在变，而且随着技术和产业基础的进步，每年都以更快的速度变化着。可以肯定地说，**我们根本就没有去仔细思考和调查的宽裕时间。**

有条件去做细致调查的，要么是大企业，要么是本身就以调查为主业的类似咨询顾问的公司。中小企业往往得下手快，然后一边行动一边思考。将"闭着眼睛下手"这一点常记心中，是融入公司的最佳方法。

10. 你要立即行动，与同期同事拉开距离

关于"闭着眼睛下手"，我再补充几句。

能做到"闭着眼睛下手"，是因为行动早、着手快。实际上，这在生意场上有时发挥着那些事倍功半的市场调查无法比拟的巨大效果。

你应该知道那个苏格兰籍的发明家亚历山大·贝尔吧，他于1876年在美国取得电话相关专利，仅比对手快了2个小时。这短短2小时的差距，却为后来的AT&T[①]这个世界顶尖大企业奠定了基础。

其他也有类似例子。

你在使用的智能手机和平板电脑，它们的代名词是

---

① 美国最大的固网电话服务供应商及第一大的移动电话服务供应商，前身是西南贝尔电话公司。——编者注

什么？是的，就是"苹果"的iPhone和iPad。相似产品市面上层出不穷，但它们仍一如既往地在市场上表现着强烈的存在感。

这是为什么呢？因为iPhone和iPad是实际意义上"首次"出现、面向一般消费者的实用化智能手机和平板电脑，所以才能成为代名词。这个例子里，速度也是第一要素。

◎ 下手快而夺得权威大奖

突然从AT&T、"苹果"这样的大企业说到小公司，我们武藏野也有好几回因为下手快而拿到了大奖。

我们公司在2000年夺得了日本经营质量奖[①]，对现在的你来说可能听着不太习惯，事实上这个奖的门槛高得有点离谱。历年获奖企业都是日本IBM、理光[②]等知名公司，这样你应该可以理解这个奖的权威性和获奖难度了吧。

不管是现在还是以前都名不见经传的后进生团体武

[①] 日本经营质量奖是1995年12月由日本生产性本部创立，用来表彰站在顾客立场出发改善经营管理体制，通过自我革新而不断创造出价值的拥有"卓越经营架构"的企业。——译者注

[②] 日本著名的办公设备及光学机器制造商，世界五百强企业。——编者注

藏野，凭什么获得那么大的奖项呢？就是因为下手快。

我们公司从1997年就开始筹划要取得此奖项。当时这个奖还不为大众所知，报名的企业也不多。总之，关键就是因为竞争对手少，所以才能获奖。

武藏野4年连续报名屡败屡战，针对审查员提出的改善项目逐一改进，最后终获殊荣。估计我们公司的评分在历年获奖企业中都是垫底的。

尽管如此，获奖带来的好处是显而易见的。4年间，这个奖项的认知度有所提升，全国的中小企业纷纷发来申请，要求来武藏野参观学习。这便是后来我公司设立经营支持业务的契机。

◎ 进入社会不是为了打败仗

2010年，我们成了日本第一个两度获得日本经营质量奖的公司。接着，经营支持业务的客户数量又增加不少。"希望能让我们参观学习""请帮我们办个讲座吧""希望能来我公司进行经营指导"这样的委托络绎不绝。而现在经营支持业务已经和"主业"的清洁业务并列，成了公司利润的支柱。

听完这样的例子，你一定也理解了下手要快、尽早行动的重要性了吧。

　　同一家公司里，基本都是相似的人。如果你是害怕犯错、行动慢一拍的类型，你的同期同事中一定也有同样的人。

　　也就是说，只要从现在开始转变心态，像第11页说过的先做再想，学会闭着眼睛下手，这样就可以和同期的同事拉开差距了。

　　你来公司不是为了厚着脸皮打败仗，是为了从比赛中胜出的。而比赛已经悄然开始了。

11. 要感谢向你作出错误指示的上司

我在这里打个比方。

我们武藏野的总公司在东京的小金井市。最近站点是JR的东小金井站。只要是在东京住过一阵的人，即使没在这站下过车，或许也知道"啊，是吉祥寺再过去一点吧"或是"从东京站坐中央线可以到的吧"。

但是，其他的人，如果没有事先查过地图、路线图或是在网上查好路线，大概是找不到我们公司的。

然而，其他公司里经常会有员工压根儿不知道小金井市在哪里就被上司指派"去那边"的情况。上司会指着像贴在小学教室里一样的日本地图，向你下达命令："这附近貌似有个叫做武藏野的公司，你去那里推销一下。"

没有事先充分的说明就下指示，这在公司里一点也不少见。

◎ 不手把手教你是理所当然的

遵照上司指示，以那块地区为目标，凭自己感觉想尽办法要找到我们公司。当然，可能会坐错电车或者迷路。接着你就会觉得这样很不合理吧，想着"一开始给我详细地图和路线搜索结果就不用这么麻烦了呀"而对上司心怀不满。我也非常理解你这样的心情。

但是，光哀叹是不行的。所谓上司（或者说所谓公司）本来就是这样。**上司会从1到10手把手教你技巧和招数？做梦去吧！**

上司不这么做主要有3点理由。

第一，他没有"从1到10详细教导工作"这样悠长的让你模仿的空闲时间（我说过很多次，上司是很忙的）；

第二，是上司知道就算给你"详细教导"工作方法，现在的你也没有办法完全理解（正常人学到10，可能已经把1—7都忘记了）；

最后一点，上司故意省去教导步骤，**让你在工作中自己思考、自己行动，有机会的话经历一下失败，从而促进你的成长**（这一点很重要）。

◎ 接下来会有更多不合理的事情让你应接不暇

现在请你回想一下在本章开头提过的"1个事实，2种理解"。

你是认为上司不充分说明就安排工作不是为了别的正是为了你自己而感谢他，还是认为他是个条理不清晰的人而疏远他？

你应该采纳前面一种理解。

但是，你要是觉得什么都不说明清楚就说"去做事吧"非常乱来，呵呵，我只能说你很天真。

我可以断言，在接下来你作为社会人成长的过程中，会遭遇更多不合理的事情，以至于你都会觉得眼前这种程度的都不算什么了。被客户无理刁难、被讨厌的上司（前辈）粗暴对待、功劳被抢黑锅却让你背……也许这些难题一起出现，你就变成了活生生的沙袋。

我不认为这样的世界就是正确的，但事实是这种情况确实会发生。是一蹶不振自暴自弃，还是认识到"这是成长的试炼"从而奋发图强，随时保持战斗姿势？不同的选择会带来完全不同的未来。

12. 可以犯的错误和绝对不能犯的错误

差不多要结束本章了。

目前为止我数次详尽叙述了犯错的必要性。之前也提过多次，人在第一次做事的时候，往往都会失败。由此可见对社会经验尚浅的你来说，被交代的工作**你都有犯错的权利**（索性可以说"有义务犯错"）。

话虽如此，你也要抱有"下回不要犯错了、下回要做得更好"的上进心。

首次接手新工作，然后犯了错。想着"下回一定吸取教训"然后处理同样的工作，结果又失败了。但是手法多少有了进步。决心"这次一定会成功"而第3次挑战，终于走出犯错的怪圈。

这样就圆满结束了吗？不是哦，下一次就要以"更快"为目标。完成这个工作花了1个小时，比你资深1年的前辈只花了30分钟。好的，下次就以50分钟作为目标努力吧。成功之后，再将时间缩短到40分钟、30分钟，达到和前辈并肩的水平吧……

你需要的正是这样的意识。只有这样，你的失败才有价值。

◎ 犯错要第一时间报告

另一方面，你也有"不能犯的错误"。与公司工龄、经验尚浅什么的都没有关系，这个错误绝对不能犯（第26页稍有提到）——试图掩盖错误。

你想要掩盖错误的心情我十分明白，我也知道这是人的本能。但在公司里，"试图掩盖错误"本身就会导致无法挽回的大错误。

当然就像前面说过的，公司是不会因为你犯的错这样的原因倒闭的（如果因为新人的错误就倒闭，这种公司本就不应招收应届生）。但是诚如**"千里之堤，溃于蚁穴"**，你犯下的小小错误可能会招致整个堤坝的决口，给周边地区造成莫大的损失。

在公司里，如果业务进展顺利、业绩有所增长，不报告也无所谓。但如果是犯了错，无法处理下去，一定得第一时间报告。**试图掩盖错误就是最大最坏的错误**，请你铭记在心。

至于掩盖的动机，你在感到羞耻的同时，可能也是"这种程度的错误我努力一下做一些文章还是能顺利瞒过去的"这样的意识在作祟吧。这虽然也能证明你很优秀，但无论如何还是请你将"优秀"发挥在别处。

想法不能太天真。**你的错误一定会败露**。那是因为客户和公司存在着利害关系，利益蒙受了损失的客户一定会联络公司进行投诉。

第 2 章

公司不是用来工作的地方

1. 在公司里，一切用数字说话

本章承接上一章，从"看似理所当然却一直被忽视"的地方开始讲。

你认为公司是用来干什么的地方呢？这样问的话，想必很多人会回答说"是用来工作的地方"。

错了。**公司不是用来工作的地方，是用来做出成绩的地方。**我也是作为公司的经营者实话实说，如果"仅仅"做工作却拿不出成绩，还是索性不要来公司比较好。因为这样还能节省交通费和暖气费等经费。

来，请你记牢一个新的教训。"在公司里，一切用数字说话"。

◎ 在公司里，能拿出数字的就是人才

在你度过的漫长的学校生活中，成绩单记录的不单单是你的考试成绩，还综合考量了你的上课态度和日常行为。在公司里，这样的事情（基本上）不会有。态度不端正但有实实在在的业绩能拿得出手的人，和本身勤勉耿直却做不出业绩的人，前者的评价会高许多。公司就是这样的地方。

进了公司，你就进入了一个以数字为唯一标准的世界。"真爱至上"（All you need is love），披头士乐队的著名曲目，换成在公司里就是"数字至上"。这一点你必须要有深刻的觉悟。

我也是这样。不是什么值得骄傲的事，其实我是个喝酒、赌博、挥霍三毒俱全的浪子，再加上性子急，容易和人吵架，脾气特别大，大概不是个因人格魅力受到敬仰的总经理。但是银行却很乐意把钱贷给我们公司（也就是有信用），开办讲座也经常是座无虚席。那是因为我每年都努力提高公司的营业额和利润，实实在在拿出了数字的缘故。

如果我是个正人君子，但公司却是亏损，会怎样呢？银行会惧怕风险，绝对不肯把钱借出来，开办了讲座也会被嘲笑（谁有空听亏损企业的总经理讲话啊）而门可

罗雀。我在家庭里可能不是个好丈夫好父亲（这点自觉多少还是有的），但在公司里"实实在在拿出数字"这一方面，却是出类拔萃的人才。

◎ 养成用数字思考一切工作事务的习惯

想要拿出漂亮的数字，该怎么做才好呢？首先你要养成用数字思考一切工作事务的习惯。当你在处理某项工作时，不要茫茫然去做，而要看着钟表，"今天用了45分钟完成，比昨天缩短了5分钟"这样子，用数字把握工作的内容。

什么？你说这样的事情你一直都记在心上？那可真是非常厉害呢。那么请问，你的基本工资是多少？从里面扣除了多少社会保险和个人所得税？然后实际到手的工资是多少，你能记得清清楚楚吗？从走出家门，到公司座位上坐定，平均要花几分几秒？如果不能马上回答出来，说明你对数字还很不敏感。

我也不是要你"背诵圆周率小数点后100位"，只是询问了工资和通勤时间这样的社会生活中最基本的数字。但是，连最基本的都没有正确把握，这只能说明你还没有做好在"一切用数字说话"的战场上战斗的准备。

2. 用数字思考身边的一切事物

那么，要提高对数字的敏感度，怎么做才好呢？

不言而喻，首先从准确把握身边的数字开始吧。比如刚才说的工资实际支付金额、通勤时间等关于工作的时间。当然，你在把握这些数字的同时，一定要抱着"为了增加这个金额努力吧""这个时间能不能有效利用呢""更加高效率地工作吧"这样积极向上的心态。

然后，请每天早上都看新闻。看到"电机巨头的A公司本期财报，预计×××亿日元的亏损"这种新闻的时候，请用心记住这个数字。仅仅是记住也好，如果能就此展开联想则更好。

将你所在公司和A公司的规模做比较，思考一下"我们公司会产生这样大的亏损吗"。接着联想到"这么算来，员工人均亏损额是××万日元"。由此，公司发生巨额亏损的时候情况有多严重，应该也有个模糊概念了。

以下这些也可以试着用数字去思考。早上，往公司方向的通勤电车因为事故影响迟了10分钟。"这节车厢里粗略估计有200名左右的乘客"；"15节编组的车总共就有3000人"；"每个人的平均时薪有1500日元的话，社会性损失就有75万日元"；"后续列车也同样迟到的话……"等。

这样，你就能深切感受到时间是多么重要的资源了。

或者想想一些更简单的事例。可以看看你一直去的弹珠机店①。不要光想着"有好多客人啊"，要思考"到底有多少客人呢"。接着就可以估算出"一层有400台机器，按照人均营业额6500日元算，两层的话营业额大概就有520万日元。一个月1亿5600万，一年就有大约19亿日元"。

总之要像这样，养成时刻用数字思考身边一切事物的习惯。这和学生时代数学成绩好不好完全没有关系。

---

① 一种具有娱乐与赌博成分的机器，在日本很常见，在中国台湾称之为柏青哥，大陆称为扒金宫、爬金库（取日语"Pa-chin-ko"音译）或小钢珠。——编者注

◎ "用数字思考"指的是保持一颗对知识的好奇心

你有在电视或电影的商战片里看到过在数字方面异常强悍的总经理吧。只要轻轻扫一眼会议上递过来的资料,当即就指出"喂,你这个数字有问题吧",接着以此为机,以副总经理为首的"谋反派"的阴谋渐渐浮出水面……不是我自夸(不,就是自夸),其实我就是这么厉害的总经理。

我们公司也会定期召开经营会议。不知是幸还是不幸,我们可不是那种阴谋权术风起云涌的大企业。但是业绩不佳部门的领导,也会为了掩饰而在账簿上做这样那样的小手脚。

真是天真如斯,一瞬间就被我识破了。接着我批评他们后(为了慎重起见多写一句,如之前提过的一样,只批评他们试图粉饰数字这个"事实")会具体指示他们"那就这样做""那样做",从而维持我们公司的业绩。

为什么我能够识破他们的小骗局呢?理由有两个。一个是我们公司管理层所做的幼稚的掩饰,我在年轻时也着实没有少做(这个请勿效仿)。他们的心思我了如指掌。

另外一个原因,就是我保持了时刻用数字思考的习惯（这个请务必效仿）。

无论何时都用数字思考，也是保持了一种对事物的好奇心和探索心。始终抱持这样的心态，将会是你一生的财富。

3. 跟了糟糕上司？请感谢这样的幸运

对于刚作为社会人士踏出第一步的你来说，被分配给怎样的上司是非常重要的问题。在很会关照人又温情的上司底下轻松自在地工作，是大家都渴望的。

可是，**现实世界往往不会都如人所愿**。世界上被冠上"鬼军曹"①外号的严厉上司不在少数，你被分配给这种人的可能性也不低。

对待下属时而似严父、时而似慈母，督促他们的成长，这是上司的义务。没有尽到这个义务的上司就是糟糕的上司。对于这一点，我却要反过来说"遇到这样糟糕的上司，你要感谢自己的幸运"。

为什么呢？**上司越是糟糕，你能学到的东西就越多。**

---

① 军曹是军衔，鬼是形容这人严厉到没人性。——译者注

这点与第22页阐述的"人不犯错是学不到东西的"相辅相成。

◎ 无论跟了什么样的上司,都能有所成长

遇到非常关照你的上司,确实很轻松。会教你工作的方法诀窍,还会跟进处理你犯的错误。甚至还会把自己的功劳分给你一部分。

这的确是应该怀着感恩的心去享受的幸运。但是,从"成长"的观点来看怎样呢?**亲切的上司固然不错,但有时候甚至可能会宠坏你**。请你好好理解这点。

你要成长,必须变得能够独当一面。以学钓鱼为例,就是要一个人操作执竿和投网,不借助其他人的力量捕到鱼。为了这个目标,上司应该借你钓鱼的工具,教你使用的方法。

但是善于关照人的上司,往往把钓到大鱼这件事都一个人包揽下来,甚至将鱼烹调至合口,再端到你面前。

你可能会觉得这是种亲切或是温情吧。错啦!这样的话你永远都学不会靠自己一个人的力量捕鱼,也永远超越不了上司。

在这一点上,糟糕的上司就不是这样了。"要鱼是吧?

哦，那边有鱼竿，拿去随便钓吧"，他会这么和你说。这当然不是什么值得感激的态度。因为钓不到鱼就填不饱空空的肚子，只能看着别的渔民的方法，有样学样（即"自发学习"）。

然后，总算一点一点逐渐能够钓到鱼了，再过半年就可以加入合格的渔民行列。

这样想的话，就能明白**"不管是好的上司还是不好的上司，结果都不会差太多"**。运气好遇到好上司可以成长，不幸遇到糟糕的上司也一样能够进步。

但是，如果把借助好上司的优质资源而达成既定目标误认为是自己的实力，从而骄傲自满，或是遇到糟糕的上司就一蹶不振、放弃努力，这样的人是没有发展的未来的。总之一切都要看你用心与否。

◎ "下属无法选择上司"：接受这个不合理的现实吧

社会不会给你最好的牌。遇到好上司坏上司的幸与不幸，你都得接受。虽然不合理，但它就是现实。

麻将里，拿到的牌要想方设法发挥其作用。工作也是一样。就算拿到一手臭牌，如果有反守为攻的决心，遇到极为罕见的"国士无双"，反败为胜的机会也不是没有。

顺便说一句，刚进入社会的时候我也是一直都没有遇到好的上司。既没有教我工作方法，也没有对我说过一句慰劳的话。我那时老是想着"总有一天我要变得很有出息，让那家伙降职"，然后凭着这股阴暗的热情努力工作（哎呀，我当时狂妄自大难以管教又老是一副盛气凌人的样子，被上司嫌弃也是正常的）。

说出来不好意思，但那时就是这么想着、拼命工作，才成就了如今的我。

◎ 一名精英记者的受挫和发奋

稍微说一点幕后小故事。

如您所知，本书的出版社是商务出版界中可以代表日本的日经BP出版社。主编是吉冈阳先生，他30多岁，年纪轻轻就成了编辑部的顶尖记者。我在日经BP社的其他杂志有专栏连载，因此和他接触的时间比较长。

吉冈先生年幼时期就有着很高天分，小学、中学、大学都是一帆风顺。应届高考进入一流大学，毕业后顺理成章地进入了日经BP出版社。

到此为止还是一帆风顺的，但是一开始碰到的上司偏偏就是"鬼军曹"。想到吐血才写出来的稿子悉数被毙，被痛骂"吉冈，你这个笨蛋。这种连小学生水平都不如的文章我们能登出来吗！"，而且据他说这种事发生的可不止一次两次。

这个上司也真是过分啊。如果是我的话怎么样也会照顾他的心情说"不如中学生"啊。

暂不说这些，要说那个时候吉冈先生是怎么做的，他找到了被那个鬼……啊不是，被那个上司骂得比较少的前辈员工，彻底地效仿对方。采访的方法、文章的写法、人际关系的处理……正是有了那样的经验才有了现在的他。

就算是在精挑细选精英汇聚的大公司，也要经历一定的苦难才能将工作做顺手。是认为没有上司运而放弃，还是把逆境作为弹跳板朝着更高的目标飞跃，全部在于你的一念之差。

4. 就算是最差最差的公司，也要试着忍耐3年

接着上一个话题继续。

现在，你说不定正在想"我进的公司真是奇葩"。也许总想着尽快辞职，每天早上郁郁寡欢。就算说得不这么露骨，或许你也在烦闷"这个工作到底适不适合自己"。

无情地说，这么想简直是愚不可及。你现在刚刚进入公司，不过是个半吊子的社会人士。**这样的状态下不但无法判断自己公司的好坏，更不可能知道自己适不适合。**

大体的目标是3年。总之告诉自己要忍耐3年，先试着努力工作。

设置"3年"当然有其原因。第一，要大概了解一个企业的情况，大致需要3年的时间；第二，3年期间由

于人事调配上司可能发生变动，环境有可能会朝着有利于你的方向发展；最后一点，**如果不做满3年，社会上的人认为你并没有熟练掌握这份工作，也就不会认可你的工作经验。**

◎ 主动选择了坏公司的就是你自己

有个与我颇有交情的自由撰稿人，S先生。他没有刚才的吉冈先生那么厉害，却也好歹是名牌大学出身，以一个马马虎虎的成绩毕业，加入了一个与成绩相匹配的马马虎虎规模的出版社。

可是，那个公司非常糟糕。总经理的情人以总编身份稳居上位，仗着和总经理的关系在公司里耀武扬威，为此社内氛围极其恶劣。不幸被安排到这个女人手下的S先生，或许是因为年轻气盛，几乎每天都要与她发生冲突，最终精疲力竭，不到一年便辞职了。

我听到这个事情的时候就说"S啊，这可就是你的不对了"。不，最不对的当然是那个靠山……也就是那个行为不端的总经理。因为公司是应该让血液充斥头脑而不是下身的地方。话虽如此，没有看清这个公司真面目的S同学也不能说完全没有责任。

我这样说，他高声反驳道："怎么能这么说。总经理的情人在公司里这种事情我怎么可能事先知道！"

就职明明是人生的一件大事，说什么撒娇的话呢。事先明明是有机会了解公司内部情况的，那个时候理应察觉到"不知为何气氛不好呢""员工没有什么干劲啊"。

尽管如此仍然选择了这个公司的S先生，自身还是存在一定过失的。

而且，不管这个情人有多无能，作为社会人士的经验还是要比S先生多，可以说是久经沙场。与这样的对手争辩无异于飞蛾扑火，败下阵来再正常不过。

◎ 跳槽去更好的公司不太可能

当然，昨天还是学生身份的S先生难以察觉公司不好的氛围，也是无可厚非。但是请这样想，现在觉得"这个公司糟糕透顶"的你，和当时的S先生如出一辙：**还没有完全具备看公司的眼光和判断公司好坏的直觉。**

在这样的状态下辞职跳槽，你觉得能够找到比现在条件更好的公司吗？以我近40年的社会经验来看，十有八九不太可能。即便真的进了新公司，在新岗位上几乎要从零开始，所以是绝对的不利因素。公司方面也会把你当做有经验的人而对你有较高期待，你和周围人的磨合反而会更加困难。

窘迫的时候又辞职跳槽。然后同样的事情再三上演恶性循环……S先生也没有例外，他为了斩断这个恶性循环，付出了非笔墨所能言尽的辛苦。虽说正是这样的辛苦锻炼了S先生，成就了现在的他，但这样的例子毕竟是少数。总之，你不应该走S先生的老路。

◎ 对自己的决定和言行负责

现代社会，托网络的福，要找到员工对一个公司的评价已经变得很容易了。尽管如此你还是选择了这家公司。或许也是因为没能被第一志愿的公司录用，没有办法才进了这个保底的公司，但你最终还是凭自己的意志决定加入的不是吗？面试的时候就算是嘴上说说，也算对人事表过决心"请多多指教""我会努力的"不是吗？

既然如此，**你就应该对自己的决定和说过的话负责。**也就是说，在发"工作没意思，在公司水土不服"等等不满的牢骚之前，先思考怎样才能让工作变得有意思、有意义，然后再去行动。

幕府末期，长州藩的志士高杉晋作吟过**"世上本无有趣事"**这样的辞世名句。这一句非常有名，可能你在哪里也看到过。只是这句还没完，后接**"有心居之趣自生"**结束。

这两个名句告诉我们，把无趣的公司变得有趣，把不快乐的工作变得快乐，全都在于你是不是用了心。

5.时刻给自己一个短期目标

前面说到要"先思考怎样才能让工作变得有意思、有意义，然后再去行动"。话虽如此，但凡是工作本身都是很辛苦的。

你肯定看到过一些新闻，说是某人埋头于自己的兴趣，不知不觉将兴趣变成了工作。你肯定觉得"能一直做喜欢的事情而生活着，真是羡慕啊"，对吧？

但是，媒体宣传毕竟是一面之词。你试着与新闻中的人物会上一面问问看就会知道：**尽管工作多是兴趣所在，也一定背负着某些烦恼和辛劳。**

轻松的工作，不用操心就能做好的工作在这个世界上是不存在的。"乌托邦"这个词除了有"理想之地"的意思以外，也强烈地暗示了"哪里都不存在的地方"这一微妙的含义。你如果期待着毫无压力的职场，那无疑是乌托邦幻想。

◎ 总经理也不想去上班

我现在到了65岁的年纪,晚上睡觉前也会想"明天不想工作啊";早上起来也会犯懒"今天好疲倦啊"。和大家差不多年纪的时候,上午和下午都会出现一次不想工作的念头。甚至有时会达到1天5次。一年大约工作300天,并且就这样总共持续了10多年。这么计算一下,事实上我不想上班的念头出现过15000多次。我这么算是想亲身示范一下之前提过的"用数字思考",但这结果还是让自己吃了一惊。谦虚地说,后来好在我改变了想法,当了总经理之后不想工作的情绪减少了很多。

作为总经理的我尚且有这样的状态,你进社会日子尚浅,觉得工作辛苦,不想干了也是很正常的。但我和你,有一点绝对不一样。

我完全认清并且接受了"工作本身就是辛苦的"这一事实。所以就算觉得累,也明白"这是自己决定的事情"而每天积极面对着。反过来,你并没有接受这个事实(或是仅接受了一部分),所以才会陷入很讨厌、很想辞职这样的负面情绪中。

◎ 有目标所以能努力

这里我要给你的处方有两个。第一，与同期的友人喝酒吃饭。你所在的公司也会定期举办"同期会"这类的聚会（酒宴）吧。这种场合下可以问问他们"你最近怎么样啊"。

有可能他现在的工作环境比你还要艰苦。这样的话，你就要端正自己的态度。或者他现在的环境比你多少好一点。这样的话，你就要思考怎样才能取得他那样的职位。

对工作抱有不满，大多是因为自己眼界狭窄的缘故。误以为只有自己感到难受，对其他的部门和公司抱有幻想，正是眼界不够开阔造成的。

要消除这种不满，最好的办法就是听听和自己同一立场的人是怎么说的。不是公司的同期也不要紧。和学生时代的朋友喝喝酒谈谈心也是极好的。心中的郁闷和愤怒，光是和别人说说也能减轻很多。

另一个更有效的处方是，**时刻给自己设置短期的目标（或是给自己的奖励）。**

例如"下一次的奖金用来做新车的定金吧""发了工资和恋人去吃顿豪华晚餐"之类的。当然像"明年想当上主任"这样的想法也不打紧。因为就算是目前讨厌的工作，升任要职以后得到了相应的待遇和权限，就此也会慢慢体会到这份工作的意义。

回忆一下你考大学的时候。第一志愿是××大学。模拟考的合格率是50%，判定B级，应该说是有点危险的状态。你当时就此放弃了吗？没有放弃吧。还是拼了命学习，想方设法在考试前多少提高一点成绩。

那是因为你有着"想要进入××大学"这个具体明确的目标，所以才能埋头努力。或许你最终未能如愿，只考入了保底的大学，但因为想进入第一志愿的大学而付出的努力，却是一笔巨大的财富。正由于此，你才能顺利地进入保底的大学。

◎ 工作没有乐趣是因为没有目标

话说从前听到过这样一个故事。不知是哪里的一个独裁国家的思想矫正所里，狱警们给收押在那里的政治犯们100根木桩，命令他们全部打到地里。打好了以后又命令说"把木桩全部拔出来"。然后换个地方再让他们打进地面。

这样循环往复，据说哪怕是之前受尽肉体折磨也不肯屈服的久经磨炼的游击队员，也最终发了狂。这个故事告诉我们，人类是一种无法忍受自己的行为没有目标或目的（也可以说是意义）的动物。

工作也是一样。你会觉得工作无趣、不开心，是因为没有一个具体的目标。说是目标，其实不需要定得很大。像前面所说的一样，哪怕是邀请意中人出去吃饭，在兴趣上做些小投入什么的都好。这样一来，你会发现工作会一点点变得有意义和有价值了。

刚才我说过，几乎所有的工作不管内容如何，基本上都很辛苦。从大的方面来说的确如此，但根据用心程度的不同，**不管什么工作都可以从中找出乐趣和意义。**你只是还没有设定好目标，所以还没有发现而已。

6.决定好目标就能明确"现在该做什么"

我个人主张设定一个短期的目标,是因为这样你就能明确"现在你必须做什么"。

如果想用奖金支付新车定金,肯定希望越多越好。这样一来,你就会知道"凭现在的业绩,奖金还是没啥期待了""也就是说,我不努力把业绩给做上去不行啊"。

如果想和恋人享用晚餐,当天一定是想准时下班的吧。这样一来,你就会知道"这个工作必须要在××点之前完成"。

如果想当上主任,你就会知道必须要调查升上主任一定得具备怎样的业绩和技能,然后为了这个目标而努力。

总之要像这样,给自己一些"我想这样做""我想变成这样"等目标。如此一来，你就知道现在必须要做的是什么。知道了以后，才能采取相应的行动。这一点非常重要。

◎ 首先设定一个目标吧

说些题外话，你觉得对于总经理来说最重要的事情是什么呢？一个词：作决定。

总经理的工作就是决定整个公司想做什么，要成为什么这些"理想中的状态"，然后制定实现这一目标的方针，部署策略，给员工下指示敦促其实行。**经营公司说到底就是无数决定的集合。**

前面说过高考的例子。你当时决定志愿的时候，思路应该是这样的吧："我的成绩大约是这么多分""这样的话能考上的是××大学和△△大学""再努力一点或许勉强可以上〇〇大学"。

但总经理却不是这样。总经理会说"就去东京大学吧"，不看自己的成绩，突然就作出这样的决定。

"这不是乱来吗"。是的，就是乱来。可是，决定要上东大的话，就不得不拼命学习，有万分之一的可能性真的能被录取。真实现了的话当然是谢天谢地。就算没有考上东大,你的分数至少也可以进入六大学①里比较容易考的专业吧。

如果厌倦努力,打安全牌,以××大学(毕竟没办法指名道姓)为目标去学习会怎样呢?考进六大学什么的根本没有指望。

你觉得是东大落第被六大学录取好,还是顺利进入××大学变成一个蠢学生好呢?能让人生充满更多可能性的是哪一种呢?不言而喻了吧。我在学生时代也是个蠢学生,也仅仅付出了与之相配的努力。

◎ 提出超高目标,行动就会改变

想隐瞒也隐瞒不了的是,武藏野也在做着同样的事情。我总是在财务期末召集全体员工,对他们宣布说"下期我们要把营业额提高120%,请大家朝着这个目标努力吧"。

员工们一片嘘声。啊,这是当然了。在日本持续通货紧缩、经济不景气的大环境下,我们公司这样典型的

---

① 六大学指的是加入"东京六大学棒球联盟"的六所大学,分别是早稻田大学、庆应义塾大学、明治大学、法政大学、立教大学、东京大学。——译者注

传统企业想要在短短一年内将营业额提高120%，这已经不是想要考东大的野心了，几乎是和想要在MIT（美国麻省理工学院）取得博士学位一样痴人说梦。

当然没法实现。更准确地说，过去一次都没有实现过。

但是一旦决定了"将营业额提高120%"这个目标并宣布出来，员工就会为之努力（前面说过的"行动就会改变"），结果虽然没有达到120%的增幅，却也有110%。这便是我们公司每年都能达成增收增益的方法之一。

如果我发了善心，宣布说"下期营业额和上年持平就可以了"会怎样呢？员工的骨头就松了，只会给出一个比上一年还低的业绩。这个结果我非常确信，可以说"绝对"会是这样。

◎ **完成一个目标后设立新目标**

现在的你作为一介公司员工，没有被要求作出像总经理般艰难而严酷的决定。但是换个角度看，**你是"我自己有限公司"的董事长**。而且25年间一直在承担这个职责。

刚才我说过"经营公司就是无数决定的集合"，而现在的你，也是从前的你作出的无数个决定的集合。这样想的话，你应该也能切身体会在当下要设立更好目标的重要性了吧。

俗话说"水往低处流，人往易处走"。但你可不能被"容易"牵着鼻子走。如果买了车，就设立新目标"下次装一个更好的车载音响"；和恋人去吃饭，就设立新目标"下次一起去旅行吧"；成功升为主任的话，就设立新目标"下次要升为组长，再然后是课长"。

要时时刻刻给自己一个短期目标，完成以后立刻设立新的目标，然后采取行动。这样重复的过程，便是你作为社会人持续成长的过程。

◎ 公司的一切都是从作出决定开始的

实际上这样的事情，应该由你的上司率先开始做。所以在我们公司每个月（注意是每个月哦）管理层都会找员工面谈，明确目标、达成共识。

这本书你已经读到这里了，想必也应该明白"上司不做这个的话，自己做就好了"的道理。能够有这样淳朴成熟的想法，至少在意识层面上就已经能与上司比肩了。

我在2007年出版了《赚钱老板不传的关键决定》(河出书房新社)一书。这本书是面向总经理职位的人写的,内容对你来说可能有些难以理解,但有机会的话不妨拿来一读。总经理的思维方式、公司的一切都是从"决定"出发等等内容,读过以后应该会有个大致的概念。

7. 提高业绩就一定会有回报

现在的你社会经验尚浅，被委派的任务可能大多是辅助性的杂七杂八的工作。所以"提高业绩"这个词对你来说也许还很陌生，而业绩的提高是怎样回报自身的，可能就更无从知晓了。

我可以断言，只要你能提高业绩，就一定会有回报。

不管是辅助性工作还是杂活都没有关系。你的同期同事如果一天访问了10个客户，你就访问11个。同事用30分钟完成了某项工作，你就用25分钟完成它。这就是现在的你立刻能够做的"提高业绩"工作。

你也许会想"那种微不足道的事情做了有什么用呢"。当然从10个客户到11个，从30分钟到25分钟，在全公司整体看起来只不过是误差范围内的小事。但是**你做出的努力再小，也一定会有人看到，然后定会得到好评**。不一定马上能看到回报，也可能会以加薪、升职的形式回报给你。这件事，我可以把这个"一定"乘以3，非常确定。

◎ 提高业绩不可懈怠

本章第49页说到过"要养成用数字思考的习惯"。你认为在你们公司里，把这个习惯贯彻得最好的是谁呢？当然是总经理。而且我在第20页也提到过，总经理看公司内部的眼光，比你想象的还要仔细很多倍。就算你的直属上司比较迟钝，没有注意到你的能力和努力，那么比他更高级别的总经理（或者是相应的高管）总会注意到你持续努力交出的数字，给你提拔或者奖励。

这样说，有一部分人可能会反驳："你说得轻松，我们公司是学阀[①]强势的公司，不在这个圈子的人根本就看不见晋升的希望""我们公司劳务管理的粗糙程度，在网上都有名气。不管多认真多努力，最后都难免落得一场空"。

[①] 指的是在特定的职业或组织中，由某个学校毕业的人们所形成的排他势力。——译者注

原来如此，这确实是非常遗憾的事情。内部××大学毕业生和〇〇大学毕业生之间进行无意义的派系斗争，或是将员工当成一次性用品的公司在这个社会上也不少见。

本书读者们如果不幸进入了这样的公司，我依然要说：**"即便如此，提高业绩也不可懈怠。"** 因为这可以提高你自己的**"市场价值"**。

既然已经读到这里了，说明你是个有强烈职业意识的人，不必受困于这样不得志的地方。迟早有机会跳出这个公司，去更广阔的世界施展拳脚。

但是，为了这样的机会，你现在必须进一步提高自己的市场价值。如果没有人认可你的实力，没有人"想要"你，跳槽什么的是没有办法实现的。所以你在此时此地，必须尽可能磨炼自己提高业绩的能力。

一旦你具备了一定的实力，竞争企业也可能变为同伴。不管是多么一般的公司，多么等级森严、沟通不畅，也一定有自己的客户、供货商，以竞争企业为接点，和外界紧密联系着。

在这个少子老龄化时代，已经不会有什么都不做客户就会主动找上门的事了。不抢下别人手里的奶酪（客户）就没法存活下去。在这样的环境下你要提高自己的业绩，肯定要损害对手的利益。尤其是中小企业，在狭小的地区紧窄的业务范围内互相争夺市场份额。所以，竞争企业的基本情况、有多少战斗力，理应经常记挂在心头。

你的业绩提高了，对对手造成打击，竞争企业的总经理、领导就会注意到你。"那家公司的○○，听说业绩很好却在公司坐冷板凳，不如把他挖过来做组长吧"。

这样的事情对现在的你来说有点无法置信吧。我可以发誓，这是常有之事。有心的总经理一定心知肚明，人才才是企业竞争力的源泉。所以他们时时刻刻都瞪大眼睛在寻找优秀的人才。

◎ 放弃努力等于放弃人生

武藏野也是这样。托大家的福，我们公司在小金井周边地区占据了65%以上压倒性的市场份额，形成了Gulliver[①]式垄断，但每年都不断有竞争企业蠢蠢欲动，想要侵蚀我们的市场份额。

我也只能见招拆招，使尽各种手段调查这些竞争企

---

① 日本最大的二手汽车交易公司。——编者注

业的动向。

　　我们公司的干部员工会和竞争企业的客户经理接触，他们会说些"什么，像你这么优秀的人，居然只拿这么点工资？！哎呀，真是可惜啊。要是在我们公司的话要高出好几倍呢"这样的好听话，所以挖角的事情，也不是一次两次了。

　　像我们公司这样的中小企业，算上打工的和兼职员工只有大约360人，挖角的事情也是稀松平常。你所在公司的竞争企业，肯定也在考虑类似的事情。这样想的话，你就明白找一些什么学历不够呀、公司不好呀这样那样的借口来放弃努力不提高业绩的，无异于将自己的整个人生都变得庸碌无为了。

8. "提高业绩"是现在你能做的最好的工作

说起来我曾经也因为业绩好,有过好几次被人挖角的经历。我的本意不是想通过吹牛来让你们接受我的观点,本段就请当题外话做个参考,浏览一遍就好。

我毕业于东京经济大学。如果有同一个学校的读者就对不住了,实在算不上什么优秀的大学。而且我天生懒惰不爱学习,基本也不去上课,所以足足花了9年才毕业。

有一次重要的考试,如果还不及格就要被开除学籍。但根本不学习的我,还是一题也答不出来。当时我突然改变了想法,在答题纸上写了如下这段话。

"我在贵校度过了9年的时间,支付了不菲的学费,却基本不去上课。从成本和收益的角度来看,是贵校用最小的成本赚取了最大的收益。换个角度看，我才是贵校创立以来，最优秀的学生。综上，请授予我毕业所需的学分。"

这样写似乎挺高尚的，但直截了当地说，我这段话的意思就是"我付的学费比一般学生多了好几倍啊，行行好让我毕业吧"。

这真是强盗逻辑啊。指导老师也不知是瞠目结舌还是深受感动（恐怕是前者吧），还真的就这样让我毕业了。想起来那时候还真是美好的时代啊。

给了我这个让人无语的劣等生毕业学分的老师中，有一位是当时同校的教授，同时也是著名历史学家，色川大吉老师。虽然已经过去了很久，但我对色川老师依然万分感激。

◎ 瞄准"净是比自己没用的人的公司"

好了，好不容易总算是毕业了，但愿意雇用我这种后进生的公司却不是很多。当时我就想，"就找净是比我还没用的员工的公司去试试吧。这样一来进去也容易，做出业绩也容易。升职也就一定比较容易啦"。

后来好不容易踩着线进入了武藏野（当时的公司名

是 Japan Service Merchandiser），主业是辅助 DUSKIN 的加盟店业务。

我的企图达成了。如同在第 57 页说过的"托没有上司庇佑的福"，我得以顺利积累经验提高业绩，仅 3 年时间就升到了总监的位置。因为是小公司，所以这个职位事实上是仅次于总经理的二把手。这对于哭着求着才从无名大学毕业的劣等生来说，应该是值得满足的大出息了。

但我刚刚当上总监，就和当时的总经理藤本寅雄大吵了一架，愤而辞职。如此一来成了失业人员的我流连于各种热闹场所，基本每天都在喝酒。有时候为了解闷去看看电影，过得相当自由自在。

◎ 得到了 DUSKIN 总经理的提拔

有一天，我在羽田机场偶遇了 DUSKIN 总经理铃木清一先生。他一见到我就说：

"哎呀，这不是小山吗，好久不见。听说你辞职了，现在在做什么呢？"

我略带自嘲地说："我啊，作为无业游民在环游世界呢。"接着，他想也没想就说："啊呀，这样啊。那要不要到我们公司来？"

Japan Service Merchandiser 与位于东京的 DUSKIN 加盟店 1 号有着比较紧密的关系，因此我曾见过几次铃木总经理，算是点头之交。

但是，当时的 DUSKIN 已是堂堂大企业，Japan Service Merchandiser 却是个员工不足 20 人的小公司。我当时觉得，不管我业绩做得多好，也不过是井底之蛙，对比 DUSKIN 的规模来看微乎其微。当然，铃木总经理也不会留意到我。

然而，铃木总经理对我在 Japan Service Merchandiser 做过什么样的工作，做出了怎样的业绩却了如指掌。我感到十分惊讶。

惊讶的同时也受到了鼓舞，接受了铃木先生的邀请进入 DUSKIN 总公司。员工号是 2277。

大约一年后，DUSKIN 总公司遇到一些麻烦，那期间我做了一些业务流程改善、工作手册编撰等工作，建立了一些发现早期错误的机制，交出了还算过得去的成绩。过了不久，我无论如何也想要拥有自担风险，也就是有独立的责任和权限的事业，于是交了辞职申请。

铃木先生挽留我，但见我去意已决，提议说"我出资 2000 万日元，你拿去做喜欢的事情吧"。我坚决推辞，他笑着说"真是小山的风格呀"。

过了几天，我就被以退休金名义送过来的预扣税款单吓了一跳。给入职不到一年就离职的人发退休金，本身就是个特例。后来听到别人说，在董事会上提到给我退休金的时候遭到了全体股东的反对。反对是正确的。虽然如此，铃木先生却坚持己见，对董事们说请批准他的任性，一直弯腰鞠躬。僵持了一会儿，有一名董事松口说"那好吧"，我的退休金事宜这才得以通过。

◎ 小小的契机带来人生大转折

从 DUSKIN 总公司辞职后，我创立了出租湿毛巾的公司。幸运的是，公司顺利成长，我每天都忙忙碌碌。突然有一天，我接到了一个电话。是谁呢？正是我工作过的 Japan Service Merchandiser 的总经理藤本寅雄。他对我说："我的病情不太理想，你回来帮我的忙吧。"我虽然大为苦恼了一阵，但考虑到现在的一切，追根溯源也是托了他的福，于是接受了邀请。然后就一直干到了现在。

你或许不会相信，大吵一架不欢而散的公司总经理居然还会恳求我回去。那是因为我在他手下当员工时，早上4点30分就开始工作，有时候一直工作到次日早晨，这一切藤本总经理都看在眼里。

小小的契机，可以带来人生大转折。极端地说，**是选择左边的路还是右边的路，人生常常会实实在在地发生改变**。为了能使这样的契机尽量往好的方向发展，一定要做到最好。你现在能做的，就是尽量提高业绩。

9. 判断你业绩好坏的是客户

关于"提高业绩",我再多说几句吧。

我在第75页说过"你的同期同事如果一天访问了10个客户,你就访问11个。同事用30分钟完成了某项工作,你就用25分钟完成它"。

现在的你可能已经做到了,但有一件事情必须要注意。

现在是不是在想"知道了啦,你是想说下次访问12个、13个客户,把速度提高到20分钟、15分钟嘛"。啊呀呀,不愧是优秀人才呀,洞察力真强。这样**不断给自己增加负荷,人才会不断地成长**。

◎ 你最终还是要交出具体的业绩

还有一点必须要注意。那就是不要把拜访客户的数量、提高工作效率本身当成目标。

拜访客户的数量增加，工作效率的提高，的确是非常好的。但也只有在你还是新手的时候，这些东西才会被认为是业绩。

业绩，本来的意思就是"数字"。对公司来说最重要的数字就是营业额指代的利益。

因此，你最终还是会被追究"哦，你访问了11个客户啊，那拿下了多少订单？""那个事情你花了25分钟啊，那剩下的5分钟做了什么？有什么成果？"等具体的问题，对你的工作表现会提出更现实更严苛的要求。

而且遗憾的是，这些要求对你来说并不遥远。无论如何，**明年的应届毕业生进入公司以后，你就自然会被强制升级。**

◎ "我要比他多一倍"

这个教训，我也是从自己的错误中汲取的。

武藏野，或者说全国的DUSKIN加盟店里，都会定期进行试用宣传活动。就是把袖珍拖把之类的试用产品免费提供给客户使用，跟客户说"请您试用一下，如果满意的话请和我们签约"。你的母亲也一定体验过这样的服务吧。

当然我还是新人的时候，也当了好几年试用宣传活动的负责人。当时负责人员除了我以外还有几位前辈。我问了一下，发现他们平均一个人一周可以拜访100个家庭，把试用品发给他们。

刚刚进入公司年轻气盛的我就开始想："那个没用的前辈一周才100家，我要比他多一倍，发200份给他看"。然后拼命努力，终于达成了这个目标。

我当时趾高气扬，私底下扬扬得意，心想"这么一来今年的优秀员工奖非我莫属了"。

◎ 搞错目标就没办法提高业绩

但是我的小算盘很快就成了一场空。我的确在一周之内发了200份试用品，但最后签约的却只有1家。相比之下，前辈虽然只发了100份，签约的却有20家。换算成签约率的话，实际上差了40倍，我被完全比了下去。

试用品也不是完全免费的。费用理所当然都由公司承担。比如要拜访客户的话，交通费就会提高，我的人工费也会增加。说到底，我为了满足小小的虚荣心，却使公司蒙受了损失。

为什么会变成这样呢？因为我误以为发放试用品的"数量"本身就算业绩，从而把多多发出去当成了目标。

这也是我后来才知道的，原来只要礼节周到地拜访客户，清清楚楚地说明试用品的性能，不管多么无能的人，20%的签约率还是很容易达到的。

但是我却把错误的"数字"视为目标，从头到尾忽视了这个工作流程，像硬性推销一样强逼着客户接受试用品，过分的时候甚至把按门铃的麻烦都省去，直接就闯进人家的玄关里。这样怎么可能获得签约呢？

我不觉得这是因为年轻而造成的过错，只是到现在还会为当时自己的不明事理感到脸红。发放的"数量"固然重要，但更重要的是取得客户签约。

努力在一周之内发了200份的试用品，这个努力本身或许是值得赞扬的（先不说方法是否妥当）。但是，事实上大部分的客户都没有成功签约，所以这根本不能算是"业绩"。

◎"努力了""辛苦了"跟业绩没有关系

人往往会因为觉得自己"这么努力""这么辛苦"，

就误以为"业绩提高了"。这种"自恋"心理对人类来说是理所当然的，但请不要会错意。决定你业绩的人，并不是你自己，甚至也不是上司或者总经理。最终还是客户。客户说"那么我就买吧"，支付了费用以后，你的努力才终于变成了"业绩"。那么，要怎么做才能被客户喜爱，提高实质意义上的业绩呢？待我在下一章细细道来。

第 3 章
现在应该是你全身心投入工作的时期

1. 将自己置于"不得不去努力"的境况中

读到这里，现在你一定会重新立下决心"好嘞，好好努力啦！""该加油提升业绩啦！"

真的很棒哦。你的上司和前辈们，都希望你尽快投入工作，提高工作成绩，积极向上地努力。但关键在于你自己的主动性，否则毫无意义。正所谓"强扭的瓜不甜"。

自己想去努力奋斗的心态，如果没有那么强烈，就不会持续很久。这么说吧，一个人光在心里想着"我得这么干""我要成为这样的人"，是很难将这种状态维持下去的。

◎ **想要维持决心，需要外部因素**

就拿如今的我来举例好了，每天从家里出门时我都会想"今天要对员工们好一点,成为一个受大家爱戴崇拜的好社长"。可是,两脚一踏进公司,这个念头就不晓得跑哪儿去了。有时候甚至会暴跳如雷。

想要维持自己的决心并加以实现,需要"不得不那么做"的外部因素。以刚刚说的例子来讲,为了让我不乱发脾气,必须创建这么一个心理状态:"即便我不去责骂员工,他们也能在工作上好好进步"。当然了,这也许可以说是"绝对"不可能的事情,那我就举其他例子来说明吧。

◎ 本书本应于去年同月出版上市

本书是在2013年3月出版了第一版。但原本计划是在上一年同月上市的。

而最初企划本身要比上市时间早2年,2011年年初春天正式开始,于当年年末企划结束。这么看来,日程安排上其实应该很充裕才是。出书本身对于我们公司也是上佳的宣传机会,所以我一直抱有"一石二鸟"的想法。但是,事实证明,这个初衷是错误的。

不管怎么说,经营武藏野公司这方面我是专业人士,但要论写文章的水平却等同于一个外行(相信读者们应该也有所察觉)。

加之作为总经理，平时工作也很繁忙。所以出书截止日期也就拖拖拉拉了很久。即便有日经BP社的吉冈阳先生(本书负责编辑)的敦促，我也是推推托托对付过去，完全没有动笔的苗头。

◎ 责编忍无可忍，终于开始提笔

在超过原本约定的最后期限半年后，也就是2012年6月(到此为止我还一个字都没有写)，吉冈先生突然造访。之前我们都是通过电子邮件和电话联络的，所以当时我也有点小小的尴尬。

"最后截稿时间都过去那么久了，您稿子写得怎么样了？"

吉冈先生是一位态度温和的绅士，一如平常那样认真、平静地向我提出问题。但是这次，我在他的话语里感受到了某种浓浓的杀气。似乎言下之意是"小心回答哦，稍有差池你可就死定了"。我实在害怕得不行，为了让他尽早打道回府，回了这么一句：

"因为我的懒惰让这件事演变至如此境地，真的很抱歉。稿子我一定会在今年12月底之前奉上。万一又拖到明年的话,那晚一个礼拜就请您减少1%的版税。"

通常来说,支付给作者的版税以书本定价的10%为准,也就是说如果再比约定时间晚2个月的话,那我就等于白干,一分钱也拿不到。如果再推迟交稿,按道理每推迟1周就得支付1%的违约金。这一点我是无论如何都回避不了的。

至此我终于开始动笔了。从此之后,像之前那样找各种理由偷懒的日子再也没出现过,奋笔疾书地赶稿。就这样,虽然晚了1年,但这本书总算是顺利面世了。

◎ 我是以"正确"的方式撰写本书的

听起来似乎有点自我辩护的意味,但人嘛,就是这样。因为有最后期限,明白如果超过这一期限就会受到惩罚,所以才努力着。当然啦,到后面多少会偷工减料一些,但若能得到周围人的支持,那也可以保证一定的质量。

请回想一下你自己的学生时代。平时消极怠学,快要考试了立马就能发挥起出色的集中力,比如借朋友的笔记临时抱佛脚,总算凑个及格分数也是没问题的吧。和这个是一样道理啦。

实际上,这才是正确做法。"**把自己逼到最后时刻,**

终于不得不做了就一口气赶紧解决。"如果觉得"时间还很宽裕",那么一个人是无法拿出干劲"认真"起来的。因此可以推导出这么一个结论:我是以"正确"的方式撰写本书的。

今后你也能在不断积累经验的过程中,慢慢理解这个道理。吉冈先生在当时并不明白这个道理,也是因为他还年轻、不够成熟的缘故吧。嗯,一定是这样。

◎ 你一直在被宽容对待着

作为一位年轻的职场新人,在各种意义下,正处于"被宽容对待"的时期。不会给你设定什么任务的最后期限和定额。对于这一点也许你会表示反对,但要我来说的话,**给到新人、年轻人的所谓任务定额,根本都上不了定额的门槛。**

在这样的环境下,你需要保持住"努力下去"的心态。要想在同期同事中间拔得头筹,就必须有意地使自己"陷入"不得不努力的状况中。那么为此,应该怎么做呢?下面我来逐一谈谈。

2. 搬出父母家，请独立生活

制造"不得不努力的状况"，最简单有效的方法，就是搬出父母家，开始独立生活。

如果已经是自己独立生活当然最好。但你要是还住父母家每天上下班，就请加倍努力存钱，尽早搬出来自己住。

如果家里人生病需要看护的话，另当别论。否则请一定要竖立起一个近期目标：尽早搬出父母家独立生活。因为人迟早**必须独自生存**。

◎ **正是因为辛苦，更要努力坚持**

对于刚进入社会的职场新鲜人来说，马上开始独自生活的话，经济上将会很辛苦。首先，如果住在市区，房租就得花费5万日元以上；电费、燃气费也相当费钱；如果还经常在外面吃饭，伙食费也会噌噌往上涨。

家具的话最起码也得添置成套的吧，然后电视机、音响和电脑等家电用品也总想要一些。不知不觉家里东西越来越多，感觉房间越来越挤，就会想搬进更宽敞的房子。

再进一步来讲，年轻时和学生时代的朋友喝个酒、和恋人约个会，收入用于游玩交际费的比例相对较高。对于单独生活的你来说，本来就应该在平时注意节省，筹措足够的"闲钱"。

相信大部分人接下来都会这么想："**如果我要过上更好的生活，更充实自己的人生，就必须走升职加薪这条道路。**"

沉浸在这种想法中，那么你就确确实实地把自己放到了"不得不努力"的境地中。

◎ 和父母同住＝占了便宜

如果是和父母住在一起，就不会这么想了。

你多多少少都会交点钱给家里吧？父母也非常欣喜你的这一行为。那么，是不是这样做你就认为自己已经尽了该尽的义务呢?

但是,我们来具体地算一下金额吧。占用家里的房间面积以附近房租标准来换算的话,要出多少房钱呢?伙食费大概要给多少呢?然后是电费燃气费。接着是最容易被大家所忽略的,家人在家里照顾你,用时薪来计算的话该怎么结算呢?

付给家里比这些总计金额更多的钱,你有自信说出这样的话吗?怎么样,说不出口吧。

所以说,你真的是在过一种占便宜的生活,受惠于你那经济尚可的家庭环境。

◎ 我女儿可是全世界最可爱的

当然,自己的家庭还是应该好好重视的。但是,不能因此变得骄纵。不然会在你今后的成长道路上产生很大的障碍。

这么说吧,"背水一战"在这个只看输赢的现实世界,是最不能轻易出手的下下策。但是一边对身后的退路横眉冷对,一边要自警"必须决一死战",像这样振作精神不放松的心态,是十分重要的。那么第一步,就是独立生活。

一个人生活好着呢！饭桌上不再出现自己讨厌的菜，休息天睡到中午也不会被唠叨，也不会承受被家长催婚生孩子这样的精神压力。还有平时在家不能做的这样那样的禁忌，都可以撒开啦。而且还有助于你个人的成长，这不是天堂是什么呀！

我结婚比较晚，因此单独生活的时间也很长，认真回想一下，其实我人生中最耀眼辉煌的时光就是初出茅庐时的职场新人阶段，那时候过着一个人的生活。特别是和如今对比：和朋友喝得酩酊大醉回家后迎接我的，都是妻儿的埋怨声啊。

我当然是很重视家人的，我还是那种会觉得"我家女儿全世界最可爱"的爱女狂人呢，话说为啥会这样呢，我也说不清。

◎ 独立生活，对本人和公司都有益

基于以上所述理由，一直以来我都奉劝进入我们武藏野的新员工"要一个人独自生活，随心所欲可快活了"。通过独立生活，加快他们的成长脚步，不仅对其本人有好处，从公司经营者的角度来看，也将会对公司业绩的提高有所贡献，可谓一举两得之事呢。

但是公司也并没有把"新员工必须独立生活"作为规定强制执行，所以即便我一直这么建议大家，不少员工依然住在父母家。这些"住父母家"的新人，确实也相安无事地一路走来了，但对比那些独立生活的员工，总觉得欠缺了些什么，就像"拔苗助长"的速育豆苗一样，还是有不同于正常培育品种的"缺陷"。

其实呢，实际上有些公司确实是把"独立生活"作为录取条件的。下面我来分项介绍一下。

3.尽量住在公司附近

埼玉县富士见市的渡边住研股份有限公司（总经理为渡边毅人），是一家房地产管理公司，他们就将"独立生活"作为员工录用条件。作为大型不动产连锁企业Apamanshop①的特许经营公司，拥有县内5家店铺。

富士见市位于首都圈内，而渡边住研也是很普通的中小型企业，一般都是从当地采用应届毕业生。所以，住父母家的学生一族非常多。但就在这样一家公司，在公司说明会上竟公然宣布**"请各位必须独立生活，这是我司录取员工的不二条件。"**

受惠于这样一条铁则，渡边住研的业绩稳定上升，特别是在2008年，利润总量提升得最多。

---

① 爱泊满不动产株式会社，日本最大的不动产经营管理上市公司。——编者注

◎ 雷曼破产事件后业绩平稳提高的房地产公司

这一年,由于美国大型投资银行雷曼兄弟公司宣布破产,导致了世界性金融危机的爆发。而这一危机态势瞬间蔓延至日本国内,经济状况迅速恶化。许多房地产公司业绩严重下滑。

当然,Apamanshop毫无例外被殃及。但是,经营驻地辐射全国的Apamanshop的连锁企业在这次苦战期间,渡边住研经营的店铺竟能实现反转,业绩比上年度还有所提高。

为什么会这样呢?其实不用特别说明嘛,因为他们公司让每位员工必须独立生活,所有人都在工作上快速成长了起来。而且渡边住研业绩提升的部分,还通过升职加薪的形式奖励给了员工。

这可非常了不起啊。毕竟雷曼破产带来的影响非常巨大,正如某人气动漫剧情里那个**"第二次冲击"**[①](实际死亡和失去家园的人数非常庞大)。即便这一事件已过去5年,其影响的余波如今依旧存在。一些大型房地产

---

① "第二次冲击"是日本动漫系列《新世纪福音战士》中一个影响世界、影响人类的极大人为灾难,而且这次灾难使第三次世界大战爆发。——译者注

公司进行大规模裁员以及员工降薪的情况，至今仍然时有发生。

◎ 笔试成绩和工作业绩之间的差距在哪里

选择一个人生活的租房地点时，有一个小诀窍："**尽量选在公司附近**"。

我们公司的第三分店（武藏野市）有两位员工，一位叫长妻圭一郎，另一位是浦和优贵。他们是2011年作为应届毕业生同时进入公司的新人员工，而且两人当时都搬出了父母家开始了一个人的生活。

当时决定录取他们时，对比他俩我的判断是"长妻似乎比较优秀"。进公司之后，通过各种测试和员工调查（我希望随时掌握员工的素质和心理状态，所以时常通过这种方式了解情况），确实发现长妻的积极性更高，也很有发展潜力。

但是实际指派工作任务后，不知为何，还是浦和的业绩相对良好稳定些。长妻与其差距还不小。

这就是笔试成绩和实际业绩之间的差别了。我一直没搞明白这到底是为什么。脑中只想到一点，浦和住在离第三分店骑自行车10分钟距离的地方，而长妻上班需要电车转乘，会花上1个小时。

因此我试着对长妻说道"如果你搬到第三分店附近来，奖金评定我就给你A"。

◎ 不要小看通勤时间

这里我得声明一下，我们公司一贯赏罚分明，对于搬到公司附近来住这样的事情，可不会真的在奖金评定里有所好评哦。之所以那时会这么说，是因为我觉得只有这么讲，才能表现通勤时间与业绩之间确实存在着因果关系。

听了劝的长妻，第二个月就早早地搬来第三分店周边居住了。而且结果如我所愿，他的业绩陡然上窜，没过多长时间就超越了浦和，在去年年末的奖金评定中也遥遥领先于浦和。

通勤时间是10分钟还是1小时？你可千万不能轻视这50分钟的差距。腾出这点时间，一天的工作能准备得更细致，还能早早回到家里好好解放疲惫的身心。这两件事的重要性超乎你的想象。

◎ 支付"近距离补贴"的公司

有这么一家将"居住于公司附近"作为规定的公司，化妆品制造销售企业——Dr. Recella股份有限公司（总经理奥迫哲也）。这个品牌，不少女性读者都在电视广告和美容沙龙等处见过吧。

这家公司总部位于JR新大阪站附近，他们有项福利——给员工支付"近距离补贴"。规定详细内容是，只要单独居住在离新大阪站3站距离以内（东京分店5站以内）的地方，每位员工补助2万日元的住宅津贴。公司里有八成的年轻员工享受着这一福利。自从实行这一制度5年多以来，这家公司在短时间内就实现了营业额翻倍。

成就这一结果的原动力之一，就是单独居住使员工成长更快，以及近距离通勤能使工作效率提高。而且，年龄相近的员工住得很近，渐渐地大家一起吃饭喝酒的机会就多了，同事间交流越发顺畅，也成为公司壮大的一个原因。

关于交流的重要性的详细内容，我在第145页之后会告诉大家。**良好无碍的沟通能使你更"优质"地工作**，是提高业绩最重要的项目。请务必谨记这一点。

◎ 以"无换乘30分钟"为标准

以新大阪站为例，有JR线和御堂筋线等线路。往北3站距离是一片娴静的住宅街道，比较适合单独居住。但是东京23区的话，因为属于市中心办公区域，商务建筑林立。新员工光靠那点微薄的工资可能还不足以实现"3站以内单独居住"。

但可根据实际情况调整，比如改成"无换乘到达公司"或"乘车时间30分钟以内"等。如果离公司最近的车站是JR东京站，往东到千叶县津田沼站，往西到东京都内的三鹰站，都可以实现无换乘30分钟到达。这些地方的房价相对较便宜，新员工的工资也可以承受。

世上的成功人士，并不是最初就被赋予了得天独厚的境遇和才气。而是通过对这些"小事"的用心考量、切实执行、不断积累，最后才得以成功的。

4. 每天早晨，请早于规定上班时间 30分钟进公司

联系前面所述，还有一点想推荐给各位，那就是成为"朝型人"①。

如果你所在的公司规定早晨9点开始上班，那就尝试每天早上8点半到公司。在30分钟时间里做好工作准备。可以整理前一天剩余的工作，或者再检查一下客户名单、想想访客计划等。当然也可以更简单一些，将办公桌弄弄干净也好。能做的事有很多，请每天坚持。是"每天"哦，你要试试看吗？

---

① 指早睡早起不熬夜的职场人士。——译者注

◎ 勤则万能

是不是觉得"哎哟好麻烦啊",还是会嘲笑说"光这么干改变得了什么吗"?但诚如之前所述,你的这些努力定会被人注意到。"哦哟,小王你工作真有热情啊。看来下次的新项目可以让你加入了呢。"也许就会投来诸如此类的赞誉之言。

纵使没有这样的"厚待"也不用失望哦。只要你每天提早30分钟到公司,多对工作上上心,即便身边能力相当的同期同事众多,静待1年后再来看,你绝对能够突出重围,获得上司极高的评价。这一点我可以打包票。

有句话叫做"勤则不匮",模仿它我也造个句——"勤则万能",这可是真的哦。

◎ 被下属"篡权"的男人

我们公司有位元老级员工叫石川克裕,他进公司的时候,我们的初级员工平均能力水平远低于现在(可以说是低得吓人)。其中石川还是比较踏实的,之后顺利升职,几年后当上了课长。

但是他早上很晚才来上班。虽然不至于到迟到的地步，但平常都差不多是踩着上班时间的点才进公司。

"我得彻底教育教育，把这么个有缺陷的人才培养起来。"那段期间我抱着这样的想法，每周一到周五都会举行"早间学习会"。

而且还规定要按照早间学习会的出席情况记入奖金评定。但名目上还是自由参加式的。但是不太早起的石川，不顾自己奖金评定下滑的危险（某种意义上说也算是有骨气），基本就没参加过这个早间学习会。

当时，石川有一名叫久木野厚则的部下。久木野虽然是个业绩平平的小职员，但有一点和石川相反，就是早上来得很早，每天早早地进公司，早间学习会的缺席率也只有石川的十分之一。

你猜后来怎么着？久木野成长迅速，几年后就与课长的石川齐头并进了。并且又在几年后晋升为部长，最终成功超越了石川。

而另一方的石川，照样"死性不改"，上班早到不了，终日烦恼于停滞不前的业绩，员工评价连续被评定为C，最后被久木野部长（人家在几年前还是自己的属下呀）要求调离出去。后来的15年，石川一直庸庸碌碌，处在初级员工的位置（在某种意义上说也算是值得赞扬的骨气）。

◎ "早晨30分"最终成为压倒性优势

这个故事还有下篇。后来石川慢慢能爬上来,是因为他结婚后,有妻子每天早上喊他起床了。而且当时作为董事泷石洋子下属的日子并不好过(洋子掌握了他许多软肋,石川在她面前一直抬不起头),被狠狠地折磨了一通后,终于复职课长。由于石川的公司工龄比较长,"在课长中间基本工资最高却是最'游手好闲'的",一被这么点拨,后来他也开始出席之前从不当回事的早间学习会了。

一年200次,每次30分钟的早间学习会,那么一整年下来就是100小时。这个数字不可忽视。简单说来,就算考取驾照最少也得花50小时才能取得。如果在工作上"一年花100小时",这么持续2年、3年下来会怎样呢?显而易见,你将取得压倒性的优势。

每天早晨提早30分钟到公司,是"压倒"别人的第一步。

你有没有休息日上班的经历?早晨出门时心想"啧,假日还要上班。哪干得下去啊?",但是到了公司后,情况如何呢?没有罗里吧嗦的领导在,电话不曾响起的悄然无声的办公室,在这样的环境中工作,效率之高超乎想象。

如果你每天早30分钟到公司的话,每日都能"遇见"这样的情境哦。

◎ 成功人士都是"朝型人"

当然,最多提早30分钟哦。但这"最多"30分钟的短短时间里,比起公司喧杂的下午3点过后的两小时,可是要好得多呢。因此我每天早晨4点30分就起床了,然后6点和前来同行的公司骨干一同从住所出发去公司,在车里听完30分钟的报告。

我个人除了有总经理的工作外,一年还参与240多次的研讨会和演讲,出版四五册商务书籍,参加总计65天的员工联欢会,在新宿歌舞伎町等地饮酒会共计60天。

经常有人觉得很惊讶,"小山先生还真是有时间啊。"其实我的秘密很简单。不过就是坚持每天早晨早早到公司,在易于集中注意力的环境中处理杂务而已。

我想起来美国哪位著名经营管理人士还是哪位投资家曾经说过:**"成功的人都有一个共同点:他们都爱早起。"** 以我亲身经验来说,这句话确是真理。通过我们公司的经营支持事业,我与全国500多家公司的总经理都多有往来，其中业绩稳步上升的公司无一例外，都是因为它们有一位每天最早到办公室的总经理。

◎ 你还要工作40年左右

说实话，说什么"比规定上班时间早30分钟到公司"，要真的实施起来还是需要一点勇气的。只要早30分钟到办公室就发给员工一定比例的薪资，如今这般大气的公司几乎没有吧。所以即便有人说"什么嘛，小山你作为管理领导，只不过在说些无关痛痒的话嘛"。我也很难反驳。

但是请好好想想呀。你可是还要持续工作40年左右的哦。充实这40年时间，必须做什么呢？没错，需要不断成长。假设每天提早30分钟到公司就能有所帮助的话，为什么你要吝啬这点努力呢？这和有没有津贴福利没有关系。**不要只顾眼前得失，要以更长远的眼光来考虑自己的职业生涯。**这样你才能真正地有所进步。

5. 请有效利用碎片时间

　　一般公司的上班时间是早晨9点开始，到晚上5点结束。有些工种可能会安排稍早的时间开始上班，或者下班时间接近半夜的都有，但无论什么行业每天出勤时间都是8小时。这是《劳动标准法》里的规定。

　　那么，在这8小时里，你觉得实际的劳动时间有多少？我先挑明了说吧，是5小时左右。撇开午餐、下午休息时间，去客户处花在路上的时间，和同事闲聊、喝杯茶、去厕所的时间等等这些和工作没有直接关系的事情，算下来大概还剩5小时。无论什么行业都基本相同。

◎ **工作间隙是提高业绩的关键**

　　也就是说，你每天真正的工作时间只占出勤时间的三分之二。是不是很惊讶？原来那么少啊。

顺便一提，我可不会说这样的话："8小时里要心无旁骛、一刻不停地工作。"同事间的闲聊完全OK。请各位多多交流一些看似无用的话题吧。

想喝茶？没问题，闲下来喝上一杯很有必要。让自己喘一口气，重整精神后继续工作吧。当然啦，想上洗手间的时候也别犹豫，马上解决哦。万一硬憋着尿裤子，岂不得浪费更多重要的时间。

因此，要好好利用碎片时间，看看有什么是有助于推进工作的，这样的思考方法很关键。另外，**将思考的事情付诸实践更加重要**。

在本书第一章中，我讲过积累经验的重要性。所谓"积累经验"，其实是通过"花时间"累积。但话说回来，前面我刚提过，每天实际工作的时间大家都差不多。而正因为如此，如何利用琐碎的时间，就成了你提高业绩、成长进步的关键问题。

◎ 车窗外的风景也关系到业绩

举我的例子来说吧。

进入 Japan Service Merchandiser 股份有限公司，也就

是如今的武藏野后，我立马被分配至销售部工作。当时我们公司和如今相比，规模可是小得多呢。公司用车也很少，作为新人的我，大多情况都是乘电车去拜访客户。

每次乘车时，我都有意识地在去程和回程时选择不同的乘车位置。去时面对的是北面车窗，那么回程时就对着南面车窗。这么一来，所见车窗外的景色就不一样了。

于是我就会有不同的新发现："哦，这里开始造房子啦。""××月左右似乎要开始迁入了呢。"这样一来，我就能估计房产迁入的大致时间段，准备进行销售业务。

另一方面，连午餐时间我也不浪费。一般人都会看体育新闻或者漫画来打发等待上菜的时间，而我则是拿着地图仔细观察，或者阅读杂志里的招聘广告等。

◎ 招聘广告是最好的销售工具

看地图的用意应该很好理解吧，但是招聘广告，你明白我为什么要看吗？

且听我娓娓道来。登招聘广告，说明某家公司需要招人对吧。也就是说这家公司需要扩展业务，比如开设分店、启动一项全新的事业。当然，也很有可能是他们有了一些诸如抹布、擦脚布垫子等新的需求,这都很好判断。

接下来就需要行动起来了。最棒的是,一般招聘广告都附有公司地址和电话号码。如此绝佳的销售机会怎可错过?

之前我曾说过"我进公司第3年就升到了总监的位置,是仅次于总经理的二把手"。这么自卖自夸虽然有点难为情,但比起当时其他同事都只在"实际工作时间内"进行工作,利用"实际工作时间外"空闲时间的我,晋升速度加快那也是理所当然的事啊。

◎ 你是否认真阅览过客户公司的网站

乘电车的时候,或是等待拉面、炒饭上桌的细碎时间,其实我们都可以好好利用。渐渐地就能和同期同事们拉开距离哦,你也来试试吧。只要肯努力下功夫,一定会有所收获。

比如说拜访客户。你是否曾经认真阅读过客户公司的网站主页?没有吧。公司网站总给人感觉上面应该都是些无趣的信息吧。

但我想请大家试一试,在休息间隙一边喝茶一边登录看看。你会发现一些信息比如"哦哦,原来A公司在广岛也有分公司啊"。这么一来,等到下次与这位客户见面时,可以主动寒暄"我知道贵公司在广岛县设有分公司,话说我其实也是吴市人哦"。

光是这么套套近乎,就能提高客户对你的信任。人哪,面对熟知自己的人总是抱有好感的。客户对你有了好感,你的业绩自然就会有所提升。再小的事情,只要能和你个人或者公司可以扯上关系,都可以找出来。由此,相互之间心与心的距离,可以进一步拉近。这其中的微妙,与追逐异性的道理如出一辙。试一下吧,什么事情不亲自体验是无法了解其中奥义的。

◎ 路上的碎片时间最适合处理工作

经常听到别人这么说"销售人员不是推销商品和服务,而是要推销自己"。但是,万万不可真的把这句玩笑话当真咯。要记住,应该做的不是推销自己,而是充分了解客户。充分了解客户后,就能自然而然地"成功地把自己推销出去"。

而且现如今随着信息技术发展,想要知道客户在哪里有分公司,分分钟搞定根本不是难事。

我自己现在只要一有空闲时间就会利用起来，处理一下工作。在车站等电车时查收电子邮件，走路时用语音电话（留言电话）听下属的报告后下指示。出差需要长距离移动的时候，在车上对近期要出版的稿子进行校对。根据当下实际状况，提前确定该做的工作、现阶段能处理的事务。

特别是路上的碎片时间，最适合处理工作。因为你知道什么时候下车，会有意识地控制时间。这一点与之前我提过的"设定截止时间"异曲同工。**我把电车车厢当作"第二个办公室"。**

◎ 你应该做的是"工作"

在移动中工作时看到旁边的年轻人埋头狂按智能手机，我心想"哟，这孩子工作挺认真嘛！佩服佩服"。可真的斜眼一瞧，会发现原来他在玩游戏或是给人写短信发牢骚"现在在山手线上"之类的。如果你是搞笑艺人倒也算了，普通人老嘟囔这些有的没的，能给工作带来什么价值吗？

啊呀不对，这里前半部分我说过啦，有时偶尔喘口气休息一下也是需要的嘛。但有一点可千万别忘了。现在你必须做的，是"工作本身"。

每个人每天都有24个小时，不多不少。**人与人之间的差别，就在于如何利用碎片时间**。有效率地运用起来，可以创造出放松身心或是磨炼自我的有意义的时间。

6.请模仿上司和前辈正在做的事情

这里再介绍给大家一个提高业绩的方法,最简单也最实际的办法哦——"模仿上司和前辈正在做的事情"。

你有过和上司、前辈一起拜访客户的经历吧,也见过他们给客户递名片时的样子吧。记得递名片的方式、怎么对话,或者交换名片后的放置方法吗?**仔细观察上司的一举手一投足**,请好好记住。

这里我再把重点强调一下。一般上司在给客户递上自己名片时,是两手奉上的动作。手的位置是在客户递来名片双手的下方。从客户手里接过名片时要说"承蒙您赐予名片"。

商谈的时候,对方的名片绝对不能马上收起来,也不要放在桌面上。而是放在自己所带笔记本或者名片盒的上面,就像正儿八经坐在坐垫上一样摆放整齐。

之前忘说了，在正式进入商谈前，上司一般会讲些轻松点儿的话题活跃下气氛。请记住这些谈话的内容、语气，以及转入正式会谈的时机。当场不妨记点笔记，需要的话放个录音笔在胸前口袋里也行。而且现在的智能手机都有录音功能嘛。

◎ 模仿时不要掺入个人创意

好了，现在你知道活用碎片时间的重要性了吧。趁公司午休期间，请练习一下递交名片的动作。或者在乘坐电车时反复听录音，像背台词一样一字一句地背下来。

时间长了，你也有机会单枪匹马去客户处拜访，到时请将练兵成果如实表现出来吧。虽然不一定那么快，但过不多久就会获得订单啦，然后逐渐向上司和前辈看齐。

有一点很重要：不要掺入个人创意。上司和前辈在做的事情，依葫芦画瓢加以模仿即可。

相信正在阅读此书的读者朋友都很优秀，硬要让你们按照上面说的"依葫芦画瓢"，想必会觉得很难吧。不知不觉自己就会去想有什么更好、更有效率的方法，然后实行起来。可不能骄傲自满哦。不管你有多优秀，毕竟社会经验尚且不足，想到的所谓"更好的做法""更有效率的方法"，能好到哪儿去呢？

另一方面，你的上司和前辈们，却在同一份工作上摸爬滚打了5年、10年。小到递名片的事情，大到推进商谈进程的方法，他们都总结出了特有的经验。

你的上司在他还是新进员工的时候，一定也被上级批评过"你啊，递名片时怎么那么没规矩？"被责备后去改正，改正后又被指出这个那个缺点，如此往复才有今日的成就。因此，照原样模仿上司的做法，确实会进步得更快。你完全没有必要重蹈上司的覆辙。

◎ 在职场上，个人创意不会带来任何价值

至于你为何执着于要在工作上加入自己的创意，想必是因为以前的学校教育中是奖励这样的行为的，认为有个性、有创意的学生才算优秀。但职场上的真实状况是什么呢？**比起个人创意，模仿别人才需要更高的技能。**

想想看，个人创意什么的，一年级小学生都会啊。比如原来都是用一种颜色的蜡笔画画，后来老师让你按照描画对象不同可以选择不同颜色画上去，这不就是所谓很棒的创意嘛。但是就算能用不同色彩画画，绘画水

平说到底还是不能和六年级小学生相比啊。

现在，作为"低年级"学生的你，被要求的不是怎么用不同色彩画画，而是如何正确摹写六年级学长们的"画"。以此考查是否有进步，作为职场人士是否有所成长。当然啦，如果你是毕加索那般的绝世天才就另当别论。

其实个人创意，对于初出茅庐的你来讲，更多是在限制你的发挥。

一直被盛赞"改变了世界"的SONY Walkman随身听系列和苹果的Mac电脑，虽说离不开一定的独创创意，但根本来说这些产品还是以模仿已有技术为基础（继而组合、发展）研发出来的。

99%的模仿，加上1%的创意。世上众多"革新"产品及服务，都是如此创造出来的。

◎ 受不受欢迎也是风水轮流转

接下来说的可能会有些难理解，那就以我年轻时的经历来举例说明吧。

我二十几岁时，有一位酒友E君。客观上来看，E君的长相差我好几截，但在酒场上却非常受欢迎。通常我只能看着他勾肩搭背带姑娘离场的背影，羡慕嫉妒恨，然后孤零零地走回家。

我也为了受大家欢迎下了不少功夫。但是，人气毫无起色。愤恨不平也没有办法了，最后只能"投靠"E君，向他讨教收获高人气的秘诀。

之后他满不在乎地进行教学：

"听好了小山，碰到这种状况就得这么搭话。"

"如果发现对方这样的态度，就这么应对。"

教的都是些小儿科简单得很的招式。我将信将疑地记着笔记，囫囵吞枣学了下来。想着反正要模仿那就干脆彻底拷贝不走样好了，于是从西装、领带、鞋子、公文包到手表，都搞得和E君一模一样（嘴上无毛的我，当时真是太想受欢迎了啊）。然后举手投足也完全照搬E君样子，连说的话也是。

还别说，过了一段时间，吸引到了5位女性呢。鉴于我现在有妇之夫的身份，这个数字其实是有所保留的（到底多少请自行想象）。总之确实有了成果。一旦出成果，我自然就有把握了，之后就朝着有趣的进程发展啦……（此处省略108个字）

◎ 配备与上司同款的随身物品

总之,处理男女关系这种微妙之处见分晓的事情,模仿是很有帮助的。何况是多数事项进程已定型了的商务场合,模仿的作用就更不用说了。

你一定有奉为目标榜样的前辈和上司吧。他们的做事方法、举止行为肯定得学着点,带的包包、穿的西服、用的钢笔和笔记本等随身物品,凡是你能在他们身上看到的东西,都可以模仿看看。

人家在职场上"吃过的盐比你吃过的饭还多"。既然这样,他们经常用的物品,一定也是经过反复思考,总结出"怎么做才能让工作更易进行"才去选择使用的。不妨收作自用,机灵点,直接套过来嘛。

现阶段的你可能还无法理解上司前辈们为什么会这么做那么做,为何要用这种钢笔。但是不能理解也没关系。坚持模仿下去,总有一天自会体会到个中真意。

到时候,你就一定能在同期同事中拔得头筹、有所进步。

7. 请尽可能与优秀的人在一起

关于模仿我再来谈一些。

约莫10年之前，我们公司除了DUSKIN加盟店业务之外，开始开拓一项新事业：经营支持。

在这之前，我们的客户对象局限于东小金井市周边当地的客户群，而开启经营支持事业后，我们的业务辐射拓展至全国范围。不惜一切手段，一定要让这项事业成功。抱着这一信念，我自扛大旗，今天去札幌、明天去博多，飞遍全国上下一刻不得闲。

虽说如此，也不能丢了总经理的本职工作。审批会签文件、确认报告、指示工作等，出差也必须搞定的事情堆积如山。

当时还没有智能手机和平板电脑，无线网络的信号也很弱。因此每次出差，我都不得不把电话簿等各种文件和又厚又大的笔记本电脑塞进手提包里带着。眼看着要逼近初老年龄了，还真是有些辛苦。

所以后来出差我都带个员工一起上路。一般只需负责拿包，没必要找特别优秀的员工。我就选了体力胜人一筹的年轻职员海老冈修随行。

◎ 给总经理拎包也能大有长进的员工

海老冈帮我拎包拎了大半年以后，我很快发现在他身上发生的一些变化。

最初他连拎包这点小事都做不到位，总是遭到我的责骂。而半年之后简直像换了个人似的动作可麻利了。不仅如此，还能特别大度地照顾好自己的下属。

一开始我还真有点难以置信，于是调阅了海老冈的"本职工作"——在DUSKIN事业部的业绩状况。果不其然，他的业绩数字上涨飞速，他的下属们自然努力紧随这位上进的上司。半年前还是公司"拖油瓶"的海老冈，真是大换血啦。

要说这到底是怎么回事，我还是知道一二的。简单来说，同我一起行动激起了他的士气。自觉虽然以前一直拼命工作，但无论是质还是量都非常不合格。他从早到晚都在观察我是怎么工作的，在思考什么事情又是如何付诸行动的。我想，再差劲的人看样学样总能学会些东西，有所进步的。

何况怎么说我还是个总经理。虽然武藏野的经营状况有点吊车尾，但我在我们公司算是最有工作能力的人了。从我这样的人手上间接地学会些工作方法，花个半年时间，实力就足以追上课长、系长的水平了。

有句古话这么说来着**"庙前的孩子会念经，耳濡目染"**，那么如果我是住持的话，就等同于把小和尚亲自带进了寺院正殿里。这个海老冈有所进步也在情理之中啊。现在我会这么想"啊，还好海老冈是个普通人"。不然万一他是个聪明人，不满足于光念念经什么的，一开窍想自己创业就拍拍屁股走人也说不定呀。

时光如梭，如今依然是我们公司中坚力量的海老冈，随着岁月的磨炼，已晋升为课长在职场上大显身手了。

◎ 你来邀约，主动接近优秀的人

接下来进入正题。

只要与优秀的人一同行动，自身就能有很大的进步。因此你也应该尽可能与优秀的人待在一起。

当然了，作为年轻新人的你，可能不会有像海老冈那样能与总经理在一起的机会。尽管如此，我已经说过无数次了，你总有尊敬崇拜的上司或者前辈吧。平时注意多和他们一起行动就是了。

那么，怎么样才能和自己佩服的人在一起呢？

有没有一个标准答案呢？有——由你来邀约。比如"〇〇领导，您能和我一同去拜访客户吗？""××前辈，这件事我不晓得该怎么处理，请您教教我吧。"

不要想"别人一定在忙，就别麻烦了"，畏畏缩缩的。**人都会对仰慕依赖自己的人热情关照。**

万一对方真的很忙，可能无法立即过来帮你，这时候可以改天再问一下。

想要顺利地完成工作任务，必须与精通这项业务的前辈保持良好的沟通。**沟通，说穿了主要在于"次数"多寡。**不要因为被拒绝过一两次就气馁放弃。

一项心理研究结果表明"人们见面次数越多，互相就更容易产生好感"。因此，你与前辈和上司间的关系也是如此。一边是做事不圆滑又很冷淡的部下，另一边是经常受挫但还是会时常找上司商量谈心的部下，相较起来，当然是后者更讨人喜欢啊。因此要多多把握好机会，向上司和前辈讨教工作心得。

◎ 把酒言欢，拉近距离

如果你和喜欢、崇拜的前辈与上司还没有说上话，不妨利用酒会和联欢会等机会哦。

到了年末或是某件大项目终于尘埃落定，你所在的部门举办庆功宴的时候，要是能坐在崇拜的前辈旁边那最好了，可这很困难吧。因为大家一般会和与自己同级别的人坐一起。那么，你可以拿着啤酒瓶过去敬酒时打个招呼"○○前辈，我也敬您一杯"，然后自然地坐在一旁。

一个人再怎么难以取悦，也几乎不会因为被敬酒而不高兴。虽然彼此间心理上的距离是3千米，但实际身体接近到只有30厘米了。即便从前一直与你还很疏远的前辈，借着酒劲，也许就会笑眯眯地说："啊，玉井贤司君，之前拜托你去拜访客户的那件事，下周我和你一起去吧。"

即使没这么热络也没关系。你与前辈的距离已经拉近至30厘米，这已经是很棒的进步了不是吗？大不了看准机会再借下次敬酒之机拉近距离嘛。"沟通在于经常性"这样的话我已重复多次。

还有一点你应该很清楚了，在酒会上可以多多交流一些平时工作中难以启齿的话题，所谓"酒后吐真言"，也能掏心掏肺地讲些真心话。这些交谈内容里，蕴含了职场人的各种经验教训。与同辈尽情开开玩笑当然也好，但最好是与前辈和上司坐在一起，并且仔细听听他们"只此场合之言"。**酒会里选择坐在哪里，很大程度上关系到你在工作上是否会有进步。**

8. 了解并发挥自己的长处

在武藏野,每年都会针对录取的应届毕业生进行问卷调查。其中有这样一道提问:"你觉得能在我司发挥出你的实力吗?"大部分的录取者都会给出积极的答案"是的,我认为可以""会为此而努力"等。

但是进公司半年后,再次进行同样的问卷调查,给出的答案却大有变化:"我实在无法想象自己竟然是这么没有工作能力的人""感觉一直在拖周围人的后腿,心好累"。

自己想象中的工作和真的现场实际操作,可谓天差地别。

如今你也对公司情况有一定程度了解了,也许也正经历与同事们一样的烦恼。

请不要担心,我说过好多次了,你会这么烦忧是"理所应当"的。再说了，如果你真是个食古不化的蠢蛋，根本就不会被我们录用。招募你的公司人事，至今已经面试过几百、几千应聘就职的学生，你可是在这茫茫人海中脱颖而出的啊。

要有自信呐！

◎ 每个人都各有所长

你工作方面有问题，这的确是事实。但不能就这样断然认为自己毫无能力，只不过是熟练掌控工作的经验暂时没积累起来而已。

不要再觉得自己不会工作、毫无能力了。这完全是庸人自扰。你应该把力气花在彻底了解自己长处所在，并将它"发扬光大"上。

如今在工作中陷入窘境、失去了自信，就算在这儿劝你"啊呀，要发挥所长啊"这样的话，想必也听不进去吧。但请一定放心。谁人无短？这世上根本没有这样的人。同样道理，也不存在全无长处的人。**只是自己的优点往往是自身觉得很正常的事，所以很难察觉到。**

但总有受上司夸赞过一两次的事情吧。这些就是你的优点啦。或者说，在日常业务中感觉"喜欢做这种工作""我好像适合做这方面的业务"吧,这些也是你的长处所在。请好好磨炼这些技能,进一步发挥哦。

◎ "寒暄彬彬有礼""喜欢招呼客户"——这些都是长处

说起工作方面的"长处",也许首先想到的是有语言能力、IT相关技术、事务处理能力等。无疑这些都能让你有极大优势。

但是,公司希望员工身上有的,不仅仅是这些。简单来说,即便是寒暄时能做到礼貌周到,或者喜欢接待客户也好,对公司来说都是很重要,希望自己的员工能掌握的优势。

尤其是在日常业务上,这些方面反倒是更强有力的优点了。因为觉得"那位销售员挺好"而愿意买单这样的事情再平常不过。

而说到短处,只要不是致命的就没必要过于烦恼。这么直说好了,短处就算努力去改也不太容易改过来。下决心拼了命,最终也不一定能赶上别人。

也许你会说"只要能与他人齐头并进就行了嘛。我不正是因为落后别人而烦恼的嘛"。

不好意思，很遗憾。吸引客户注意并得到好评的，都是优人一等的那些个长处。至于"普通"的方面，不管怎么增加也不会得到任何好评。

时间是有限的。硬要在无关紧要的短处上花工夫，那么磨炼长处的时间就减少了。最后只有务广而荒的结局，在别人眼里你只是个没有生气毫无趣味的人而已。如此一来，你在这家公司就没有了存在的意义。也就是说，失去了存在价值。

所以，你不应该感叹自己"有什么劣势"。而是要有绝不动摇的决心，发挥出能压倒自己劣势的长处。

◎ 能使短处隐形的就是工作上的"赢家"

稍微岔开一点话题，我年轻时那一阵，非常流行跳交谊舞。

那时不管是谁都热衷于练习交谊舞。在排场不错的酒吧里，和着现场乐队演奏，尝试踏起舞步来。在当时那样一个时代，这是个很绅士的嗜好哦。

话说交谊舞也是有很多种类的。华尔兹、探戈、曼波舞、恰恰等。

而生来乐感差、运动神经又不如人的我，面对必须以三拍踩着节奏舞动起来的华尔兹，也只能彻底放弃了（同样用三拍来喝酒、打球、买东西之类的，倒是很擅长）。于是，我决定主攻比较容易的吉特巴。

在舞蹈教室只学习吉特巴。并且去酒吧的话也只跳吉特巴。我不是什么专业的舞者，但恐怕是全日本吉特巴跳得最多的男人。这点我可有自信了。

只要跳得多就会越跳越有进步。后来，周围的人们几乎给我贴上了"吉特巴小山"的标签。

10年后，我开始慢慢把曼波舞和恰恰学起来，在酒吧里也敢一展舞姿。由于没怎么练习过，所以跳得很难看，后来慢慢地不再踩到女士的脚尖了。但是，由于之前跳给大家看的是很拿手的吉特巴，所以会给周围人留下这样的错觉："啊，小山曼波舞也跳得很好哟。"

之前说的"发挥出能压倒自己劣势的长处"，就指的这个意思。

只要把长处无限扩大，别人就看不到你的短处了。不是说短处无缘无故消失，而是让人错以为它不见了。如果能在工作上做到这一点，那就是一种"胜利"。

◎ 不是前辈抑或上司,他们是你的"伙伴"

也许你正在烦恼自己嘴笨,也许你会觉得自己签约客户不成功就是由于自己不善于讲话。但是真正成功签约的人,不是因为如簧的巧舌,更关键在于他们有耐心倾听客户的需求,对客户热情周到。

因此你只要重点磨炼这方面就行。如此一来你担心的嘴笨这个问题,在客户看来可能还会很讨喜。

在第29页也有说到,你并不是孤军奋战,你有相亲相爱的同事、前辈、上司。他们的存在,就是为了弥补你的短处。**公司要的,本来就是大家互相弥补各自的短板,让一加一等于三、等于四,从而不断增加效益。**

英语里"公司"写为"company"。这个词的语源有"一起吃面包"的意思,然后引申为"伙伴"之意。

在一家公司,上司、前辈和同事非常好区分。但他们在"上司、前辈、同事"这些身份之前,首先,是你的伙伴。

第4章

多用心一点点,你就能成为"工作达人"

1. 平常多与上司交流能更好地推进工作

想成为一名有才干的员工，还有一个你必须掌握的重要技能。那就是在面对多项工作任务时，知道以怎样的优先顺序来处理。

当你正埋头于案头工作，上司突然来一句"这个帮我做一下"就丢给你一个新任务。想必很多人会这么做：把目前手头上弄得差不多的事情（假定这件事为A）先放一边，立马着手新的任务（假设为B）。

但是过不多久，你又会接连不断地被卷入各种新任务中。"不好意思,这件事（C）拜托你了。""那个事（D）也处理一下。"最终不免方寸大乱，心急火燎把最开始的工作（A）随便对付完就交给上司。

这么一来，你觉得上司会表扬你吗？怎么可能！当然是大发雷霆啊："你这个傻蛋，D这件事怎么搞的？！"

以上情景在职场上经常发生。可是现阶段的你一定觉得不会出现这样的事吧。"上司应该是知道我正在处理A工作的。即便如此还是把B、C、D这三件工作接连安排下来,那么D当然应该排在最后解决才是啊。"如果你抱着这样的想法,我也十分理解。

但理解不代表赞同,归根结底还是你的错。首先,**认为上司应该体谅你的做事节奏,并会以此来安排工作的想法就是错误的**。这完全是一个"美丽的误会"。

◎ 新任务优先于旧任务

那么为什么上司不配合你的工作节奏来安排任务呢?有两个理由。第一,如果每件事都要按你自己的步伐来做,如何组织工作?这样也不会促进你个人的成长。

第二,对上司来说,最重要的是提高自己所率部门整体的业绩。有鉴于此,他才不会管你手头忙不忙呢。

进一步来说,如果把处理旧任务放在第一位的话,上司也不会夸奖你。客户和市场,每分每秒都在变化。"提高业绩"这件事在如此环境之下,对于公司(或者部门)无疑是一件必须确实达成的工作。而这项工作正是所谓的"新任务"。换句话说，**只要没有特殊情况，新任务比旧任务更优先。**

"昨天让你做的那件事，果然还是不做的好啊。"有时候，上司前一天才安排的工作，今天就要你取消不做了。这种情况在公司是常有之事。一个公司组织能够存续下去，最重要的是根据市场（客户）变化尽早作出相应调整。做不到这一点的企业，最终将会破产倒闭。这是非常简单粗暴的道理。

可以说，所有的公司都是要适应环境变化的企业。**昨天接收的工作指示今天依然有效的固执观念，你必须抛弃。**无论是公司所处境况，还是当下要你做的工作，每时每刻都在发生变化。

◎ 难以判断之事，交给上司定夺

原则上新任务优先于旧任务，当然也有例外情况。

有时候，A、B、C、D四个任务在差不多时间里安排给你，或者D任务只是外出采购备用品的轻松活。然后B任务若是"制作客户提案书"这样重要的工作，是不是依然要把B任务放一边首先处理D呢？想必你也糊涂了吧。

碰到以上状况，请立即向安排给你新任务的上司请示，交给他来判断。你可以这么说："现在我手上同时有A、B、C三个活在干，请问该怎么处理为好呢？"之后**他一定会帮你定夺如何安排这四项任务的先后顺序**："这样吧，暂且先处理B，然后完成C。D今天之内解决就行。"

至于上司为何"一定"会这么做，理由很简单。前面我说过，领导"总想着要提高部门业绩"。由于对部门整体情况有所把握，谁的哪项工作应该优先去做，心里门儿清。而你经验尚浅，只看得到自己眼前的工作，怎么可能下得了判断，不如交由"老鸟"决定。

身背数项任务，过程中陷入困境怎么弄都不成，或者对自己采取的工作方法是否OK产生怀疑而烦恼不已。这些困难也许你都会遇到。这时候也需要立即与上司沟通。这样他一定会就如何提高你的业绩为重点，指导你的工作。

你个人的业绩提高，部门业绩自然也就上升啦。这与上司自身的工作有直接关系。

◎ "报连相[①]":让上司知道自己的工作成果

不管怎么说,作为年轻的职场新人,你需要时刻谨记:**不要独自烦恼、不要独自承担、不要随意下判断**。无论什么事,请一一和上司商量。

"这么点小事就找领导,这样真的好吗?"其实这种担心完全没有必要。我已经提过无数遍了,对于你还没有足够良好的工作能力这个事实,上司可是清清楚楚的。

而且在他看来,和老是找他商量比起来,你因工作而烦恼,然后一个人闷着郁郁寡欢、随意下判断而导致工作出现问题可要严重多了。

那么,你知道什么是"报连相"吗?这是"报告""连络[②]""相谈"[③]各取第一个字组成的词组。要时刻谨记的正是它。

无论什么事情首先是报告、联系,然后和上司商量。最近一说起"职场要彻底实施'报连相'",就给人一种被管得紧紧的感觉,特别不受年轻人待见。在我看来,

---

[①] 日企专门用语。表示及时报告、及时联络、及时商量的工作模式。——译者注
[②] "联络"在日语中写作"連絡"。——译者注
[③] 指商量、征求意见、请教。——编者注

这么想毫无道理。

所谓"报连相",也可以说是把你思考的、在做的,以及获得了怎样的成果,过程中付出的努力去和上司分享。简而言之,就是要**让上司知道自己的进步和获得的成绩**。

在日本,从古至今人们都习惯于将默默努力奉为一种美德,但这不适用于社会生活。你的上司、前辈们,大家都在因各自的工作而忙碌不已。如果你不努力把自己的奋勉和成绩让周围的人知晓,有可能就无法得到公平的评价。

本书前半部分我曾经提到:你付出的努力一定被某个人一直看在眼里。说这句话的前提是要好好贯彻"报连相"这一原则。这也是你的"本职工作"呢。

2.前辈和上司都是你的助理

下面讲一些和前面有关的。

在你的同期同事中间，一定有人早早就崭露头角了吧。接手的工作大部分都能熟练完成，也能交出一份作为新人而言令人满意的成绩。而你呢，面对眼前的工作就焦头烂额了，出实际成绩什么的更是想都别想。

有没有想过，为什么区别这么大呢？难道就是因为能力问题？非也非也，请不要那么看不起自己。被公司录取的人才的水平都是差不多的。特别是应届毕业生招聘，更是如此。硬要说的话，各自经历和擅长领域等多少会有不同，但我敢断言，基本上来说大家的能力都不相上下。

◎ "很行的家伙"善于利用前辈和上司的力量

如果你的同期真的比你更有进步,那么理由只有两个。第一,之前他相关的兼职实习经验较为丰富。至少在现阶段,这一点是一个压倒性优势。那么之后你只有积极地积累起能与他媲美甚至超越他的工作经验了。没错,就像我第1章里说的那样。

另一个理由,是他非常善于"利用"前辈和上司。2012年加入我们公司的丸友树就是这样,和上司海老冈修很积极地进行"报连相",听从指示,也经常受到前辈樱井学的帮助。因此他的业绩噌噌往上,取得了S级(日企员工评价中代表最优秀的等级)的员工评价。

◎ 不耻下问,业绩上不去才是真耻辱

日本人总喜欢"自食其力",崇尚通过自学掌握技能,却羞于借助他人之力。特别是那些在学生时代一直是优等生的人,他们的这种思想倾向更强烈。

请不要再这么想了。

你已经不是学生,而是一名社会人士。真正应当尊崇的是能够提高业绩,真正应当羞耻的是无法提高业绩。

要提升业绩，有必要借助前辈和上司的力量。在这一点上，你千万不能有丝毫犹豫。

公司和学校不同，不会只因为你努力了、付出了辛劳就奉上好评。这是一个只看结果的"战场"。黑猫白猫，抓到老鼠的就是好猫。只要不做违反法律、道德的事就行。

这一点与本书第14页所述意思相同，社会人考试时利用优等生也行，如有必要作弊都可以。前辈和上司，从某种意义上说就是你的助理。

"某种意义"是指他们本来就可以在你的成长道路上给予支持，并不是作为你正在承担某项工作本身的助理角色哦。因此不要有什么顾虑。只要你还是个经验尚浅的新人，在哪里都一样。不用客气，请任性地"使唤"你的前辈、上司吧。

◎ 随时随地说"谢谢"

既然你想要借助前辈和上司的力量提高工作业绩，那么做到这件事的一大前提，就是必须和他们构建良好的关系。

请回到第131页，有一句用粗体标示的句子："**沟通，**

说穿了主要在于'次数'多寡。"

那么如何增加次数呢？本书之前已经介绍了一些方法，比如积极主动地搭话、酒席上尽量坐在邻座等。这里再告诉大家一个：好好地说谢谢。

呵呵，是不是觉得太简单而呆住了呢？也许你会心想"感谢什么的，我可是有好好表示的啊"。

确实，工作上受人指导和帮助时，谁都会说上一声"谢谢"。但是多数情况却是"谢谢"只在当时说完就完事了。这可是个大问题。

你一定也是这样吧。别人在工作上帮了你，轻轻地说声感谢之后，等这项工作结束，还会不会再次对对方说"多亏了您才解决，非常感谢"来表达谢意呢？我想基本上不会吧。

那么从现在起，**请不要吝啬说出自己的感谢**。请教别人以后说声"非常感谢"，受他人帮助后说声"您真是帮了我大忙"，工作结束后说声"多亏有您"。当然啦，在进行之前提过的"报连相"时，也要抓住机会清楚地表达感激之情。

只要做到这一点，说句实话，以后你都会受到前辈和上司很多照顾哦。原因不必说明了吧。其他下属可不会像你那样频繁地表达谢意呢。

虽然只是说一句谢谢，但一天说几次，一周就能累积到几十次之多。渐渐地，对方就会被你彻底感动。没错，积薄而为厚，聚少而为多。

正如第132页所说，"几乎没有人会因为被敬酒而不高兴。"说"几乎"是因为有例外——对不会喝酒的人来说被劝酒是挺困扰的，除此之外其他人都适用这句话。而被别人感谢会觉得不高兴的人肯定不存在。这句话可没有例外哦。

而且最棒的是，说声感谢，说多少次都不用花钱。不费时、不费力，照样能让对方高兴，对你产生好感后，就会更加愿意在工作上帮助你哦。从今天起，请一定养成说"谢谢"的习惯。

◎ 在众人面前表达感谢

现在我再来教大家如何表达感谢，让对方心情棒棒的。很简单：尽量在众人面前说谢谢。

早上开始工作前，办公室里人越来越多，趁这时候对上司说："课长，真是太感谢您昨天的帮助了！"虽然一对一单独被感谢的话，对方也会感到开心；但如果在人前发生这一幕，他们会更加高兴哦。想要做到这一点，就不能光简单地给上司发一封感谢邮件就结束。这么一来就只是私下表达谢意了。

我相信每个人包括你，平时都很想对周围人表达感谢之情。但是不说出来，这份心意将永远埋藏于心底，也绝不会让对方感受到。因为人类是无法理解看不见的事物的。

3. 做笔记是为了忘记

接着再介绍一个希望各位能养成的工作习惯。就是做笔记。

上司分派指示了新任务,客户那里又提了些复杂的要求。遇到这种状况,一般你都会做笔记吧。一般刚进公司,上司都会嘱咐你"重要的事要做笔记"吧。

但是记笔记和照着笔记所写的行动,两者并不完全相同。有时候你确实做好了笔记,但还是犯了错误而被上司或客户责备。这样的经历估计发生过几次吧?

这是为什么呢?是因为你还像学生一样地在做笔记。

学生时代做笔记,一般都是以背诵、记忆为目的。背英语单词、数学公式、人名、年份……背诵可是学生的主要任务。

但是社会人士的工作涉及多方面,情况错综复杂,有时亟待解决的问题也很多。没有什么事情是需要刻意背下来的，再说也没有这个时间。

社会人士是为了忘记才做笔记的。与学生时代记笔记的方法有一百八十度大转弯，完全不同。

◎ 养成定期返读笔记的习惯

"为了忘记"而做笔记是怎么回事？

委派的工作或者负责的案子，如果是能立马当场解决的，就没有必要记下来。但是一般来说，一些人往往无法"立马""当场"解决，比如预定工作临时改期，或者有些事情需要花很长时间才能完成。

因此社会人士才需要做笔记。**做了笔记，可以暂时把这件事忘记，这样才能集中精力于眼前要事**。这，就是所谓"为了忘记"的意思。

话虽这么说，但可别连做了笔记这件事也彻底忘啦。那可就鸡飞蛋打了。所以，养成定期返读笔记的习惯是极其重要的。

但事实上，许多职场人士做不到这一点，很意外吧！可能是因为他们还处于学生一样的思维定式，认为只要记下笔记就万事大吉了。做笔记原本的目的，应该是为了之后毫无差池地完成工作，而有些人却把做好笔记当成了自己的目的。

如果你能正确地做好笔记，然后将笔记内容有效实行，光这一点就能甩开别人好几条大街了。

◎ 不能把做笔记本身当成目的

具体应该怎么做呢？

一般可以考虑两种方法：**"将笔记置于平时目所能及之处""1张纸对应1项内容"**。

笔记用纸，推荐使用便条纸等易于切分的品种。不是说用笔记本或手账本不行，只是因为已经装订好的纸张不好单独分离；另外，想要查看时还要翻来翻去，很不方便。人都讨厌麻烦事，一定要做的话也会拖延很久才行动。这么一来，做笔记又有何意义？

拿我来说吧，有时候吃着饭喝着酒，写书的构思就突然涌现于脑海中了。然后我会立即在筷子套上或是纸巾上面把想到的写下来，写完放进钱包里。

钱包每天都会翻开几次，所以很容易看到。这样我能立马联想起那些构思，而且"有笔记"这件事本身也在时刻提醒我早日付诸行动。等做的笔记积累到一定程度,一本书就差不多完成了(本书就是这么写成的)。

再举个例子,比如外出路途中灵感闪现,有了一些工作上的想法,或是突然想起之前忘记下达的指示。这时候可以用智能手机以邮件形式记下来,发送到邮箱。电子邮箱肯定每天都会查收好几回,一般不会看漏。

笔记不需要记录得很详细,简单写一下就行。

只要看到关键词,一般人立马会回忆起来。"OGUSHIO①",不是从前那两位羽毛球双打人气选手的名字哦,而是某天我写在笔记上的字。直至今日我都能想起来,这是代表要和我们公司经营支持部课长小楠(OGUSU)浩生在东京汐留地区会面的约定。

◎ 记完笔记要确认

关于记笔记的方法,也有几点需要注意遵守。那就是在客户和上司面前做完笔记,要当场进行确认。

一边浏览笔记,一边说:"让我跟您确认一下。A事项要做这个和这个,B事项做这个和这个。C事项是××

---

① OGUSHIO,日本著名羽毛球美女双打组合小掠久美子和潮田玲子的昵称。——编者注

日截止，没错吧？"

记录口头指示要求时，如同一种留言游戏。如果客户和上司看见你当面做笔记，不免心生疑虑："这新来的笔记倒是记得挺认真，可他真记住了吗？"

但是如果你将记好的笔记当场念出来，就能消除他们的担心，会让他们觉得你这新人还挺像那么回事的。而且对你自己来说，**口头复述也能让你好好地理清指示内容**。

在你周围，一定有那种工作能力超强、受人敬佩的人物吧。但我敢断言，这些人并不拥有什么超于常人的能力。正是因为平时做事细心备至，才能把工作做好。也就是说，所谓"会工作"和"不会工作"，区别只在于那看似微不足道的用心。

◎ 便条纸上写笔记，贴于日历上

最后关于如何使用笔记还有一点，给大家介绍下我们公司一直以来都在实践的方法。

有很多人会把笔记直接写在办公桌的台历上吧——"13日：15时拜访A社"。这么做平时眼睛能注意到，当然还是不错的，但如果能把访问A社的事情写在便条纸上，贴在台历"13日"一栏上则更好。

为什么这么做呢？第一，计划赶不上变化。原本定于13日的约定有可能因为客户的原因延期1周，或者直接被取消。因为写在便条纸上，如果遇到延期就可以贴到新日期上，约定取消直接撕下便条就行。

而且这个方法最便利之处在于："便条纸的数量，代表了至今还剩多少待办事项。"对自己的工作进度一目了然。**1项事务对应1张便条纸，预先贴在计划日期上，此项工作完成后便可直接撕去**。可不能把工作计划直接写在台历上哦，一写上去可就一直留在上头咯。好了，如果你觉得这个方法可行，那就请试一试吧。

4. 请勿执着于100%完成计划

最后，向大家介绍在磨炼工作能力方面，必须实施的基本行动——"PDCA循环[①]"。

你应该听过这个词组吧？从制订计划（Plan）到执行（Do），接着确认评估成果（Check），最后改善（Act）。按照这样的顺序提高质量与生产效率。许多公司引入PDCA循环原则来进行质量管理和生产管理，以此成功改善了业务水平。

你也许在心里打鼓"这和现在的我有什么关系？"PDCA循环原则，适用于业务各方各面。对于开发客户也有一定帮助，按照这一循环顺序开展工作，你

---

① 美国质量管理专家休哈特博士首先提出，后由戴明博士采纳、宣传，获得普及，从而也被称为"戴明环"。——译者注

的"工作质量"自然而然会往上走。即便你是一个从零开始的新人,也绝不能说和你"没半点关系"。

◎ 先从"执行"着手

提到PDCA,也许你会认为应该从制订工作计划(P)开始。而实际上,作为年轻的新人,首先要从执行眼前工作(D)着手。制订一项业务计划需要有相应的经验,而现在你在这方面肯定还很欠缺。

我在之前曾说过,不是"思考",而是要"行动"。这一点放在开发客户工作上,意思是不要一开始就纠结这个担心那个,找各种借口,而是立马就着手试试看,拜访(D)一下新客户。

当然啦,见了客户一次两次之后,不代表一定能卖出商品。但也不是完全没可能。因此你要好好分析导致能否顺利销售出去这两种结果的不同原因。这就等于在确认评估(C)。

◎ 计划=假定

通过不断地往复执行和评估,对于成功或失败事例中存在的共性，多少你也有所知晓了。

"那位客户购买我的商品，应该是因为我给他详细解释了这款商品的耐用性。""我能签到这份服务销售合约，应该是因为客户正好个人经营着小卖店吧。"像这样，渐渐就能抓住其中的"固定法则"。

好啦，接下来计划（P）终于要出场了。

根据自己积累的经验，具体决定出计划方案："下次也试试用这个方法向那位客户介绍吧。""如果是那位客户，应该会购买我的商品吧。"

◎ 反复地执行与确认，计划慢慢成形

告诉大家一个确立计划的秘诀，简而言之四个字：**酌情随意**。不要太过于认真地去想。正如一句俗语"笨人想不出好主意"，耗的时间越长不一定越好。还不如当场下判断、作决定为好。

可能会有人抵触这种做法，但现实点来说除此之外别无他法。客户的心情就像秋日天气一般阴晴不定，而且你也很难捉摸他们真正的心思。因此，不管如何深思熟虑，最终结果都不会是事先想的那样。

"这么做似乎不错"，"酌情随意"制订出计划（假

定），然后立刻执行。这与我在第31页讲到的"下手要快"不谋而合。

说到这儿，理解力强的人估计都注意到了吧。"终于按照P→D的顺序走啦。"没错，反复地进行D与C（积累经验），无论最终有没有出成果，都评估一下。"成功经验"作为下一次的计划（P），"失败经验"也可作为思考新计划和假定（P）的辅助考量。这么一圈才正式从最初的P开始，终于能按照PDCA循环的顺序进行下去了。

◎ 制订计划是为了表示与现实存在的差距

在执行之前酌情随意决定的计划后，你会发现与当初设定的目标、意图、结果有了差别。"本打算取得10个新合同，结果才拿到5份。"或者相反，有了好结果："本来计划达到100万日元销售额，最后居然卖到了120万。"

到底相差多少，请一定好好确认（C）。这一步非常重要。因为如果无法把握计划与现实可能出现的差距，也就无法思考出现这种差距的原因。

只要听到"计划"二字，就容易给人感觉是要"100%达成目标"。这可错啦。计划，是通过表示与现实存在的差距来决定下一步行动而制订的。因此，目标有没有达成不是什么大问题。

一般人一听到"销售出去了"就开心,听到"没卖出去"就沮丧得很。当然了,商品也好服务也好,能销售出去是件高兴事,没销路就有问题了。

但是,事情的本质可不是眼前这些数字的增减。最重要的是要彻底搞清好不好卖的真正理由。

◎ 好的方面"继续执行",差的方面"加以改善"

我司第二分店有位员工,名叫樱田(旧姓:荒井)优美。她不是那种完全没有能力的人,业绩却经常吊车尾。那么我们来看一下,业绩出众的员工和这位樱田,到底有什么不同之处呢?

我发现了一个有趣的事实。业绩好的员工在采购销售DUSKIN商品的过程中,一定会交给客户自己手工制作的传单,取其名曰"负责人News",以此与客户交流沟通。而樱田却没有这么做过。

"那就让樱田也去给客户分发'负责人News'好了嘛。"这不就是所说的假定(计划)嘛。而实际实施以后,令人震惊的是,樱田的业绩真的急速提高了,还获得了当年的优秀员工奖。

现在你明白了吗？

在我们公司DUSKIN事业部里，有许多员工都没有分发所谓"负责人News"的传单。也就是说，只要他们也这么去做的话，销售额也有可能上升。原先就已经这么做的员工们，确认自己的努力并没有白费，今后就会更加进取。

通过这么一个小小事例，就可以看出PDCA是很有用的思考方法。

◎ 出不出成果，只在于努力上的细微差别

来介绍一下"负责人News"是什么吧。

它主要不是记录负责人的日常工作和感受这些貌似很重要的内容。但做与不做，结果却大不相同。之前说过了"会不会工作，只在于多用一点点心"，这里也很好地体现了这一点。

而且，只要付出多一点点的努力、下多一点点的功夫，你就能饱尝工作的乐趣。

负责人 News

DUSKIN

感谢一直以来的惠顾

DUSKIN 武藏/第二分店　负责人：荒井优美

进入12月，天气变得非常冷了呢。日夜温差较大，请注意不要感冒哦。

时光如梭，今年马上就要过去了。每天的日子过得就像按了快进键似的。年末年初，大家准备如何度过呢？今年我准备去冲绳跨年。前年去了名古屋，当时还下雪了呢。去年在九州也在下雪。感觉每次跨年都碰到下雪，难道是我的问题吗？那去冲绳的话就不会有雪了吧。要是这样还遇到下雪，我估计要改名叫雪女了呢，哈哈！我妈妈的娘家在冲绳，亲戚也有很多。而且，我姐姐结婚了，如今也住在冲绳。我有两个外甥女，很期待能见到她们活泼成长的样子。

其实我每年都会去冲绳，而且有个地方每次去我都会到那里去看一看。那就是位于冲绳中部的海中道路。晚上去的话，街灯都熄灭了，有幸碰到晴天的话，就会看到点点繁星，非常漂亮。有时甚至能看到流星哦。那里有在东京无法见到的美丽星空。推荐大家去看看哦。

最后，感谢大家这1年多来的支持惠顾。

明年也请多多关照。祝愿大家迎来一个好年头。

------------------------ 剪切线 ------------------------

客户通信栏 您有什么意见、建议，以及对我们商品和服务的问题，都可以联系我们。请让我们倾听各位的心声。

姓名＿＿＿＿

_____

_____

_____

_____

◎ 找出客户购买的"绝对动机"

如今，你应该也积累了不少工作经验吧：多次向客户推销出商品或服务，成功取得签约合同。即使一单未成，想必距离成功也不远了吧。

这样的经验并不是偶然成就的。

一定是有什么绝对理由。也许是销售时机好，也许客户和你正好很投机。或者是因为竞争对手犯下了错误而将机会拱手让于你也说不定。甚至可能有更细节的理由，比如打招呼的方式、递名片的方法等，给客户带来了好感。

之前说过，签约成功与否，通常被许多细节所左右。无论多细致，都有其确定不疑的"绝对必然性"。不存在什么"偶然就卖出去了"的好事。即使再渺小，其背后一定存在某个坚定不移的"销售理由"。

最重要的是查明这个与成果直接挂钩的原因，然后好好加以利用，活用于下一位客户身上。

5. 请反复阅读这本书

接下来该对本书作"总结陈词"了。

请回想一下你的学生时代。在学校和朋友喝喝小酒，热衷于社团活动都很开心吧！但一碰到要上课就觉得很无聊。这到底是为什么呢？

是因为社团活动是在玩儿，上课就是学习吗？

错啦。也许你自己没有意识到，无论是和朋友热络来往还是参加社团活动，都是很重要的学习机会哦：在过程中不断学习如何建立人际关系、如何实行一个项目。

"项目"，是不是听起来有些夸张呢？但其实组织酒会、和社团的社员们一起合宿，这些都是很棒的"项目"哦。等进入社会之后，这些都是非常实用的重要技能。

◎ 主动？被动？是否有"乐趣"是决定因素

回到刚才的话题。

明明都是学习，参加社团很开心，上课则完全相反。造成这一差别的就是你的学习态度。

在社团里，你是自发地进行学习，所以会感到很快乐。而在上课时，感觉个体被绑架了似的，只是在"被学习"而已，这样怎么可能开心。

主动学习是快乐的，被动学习不开心。

这世上，没有人是真的讨厌学习的。讨厌的人只是不喜欢那样的学习方法罢了。同理，也没有人真的讨厌工作。要讨厌也是不喜欢工作方法而已。**你现在不喜欢的不是自己的工作本身，而是单纯地讨厌自己的工作方法。**

一家公司，实际上比你想象的要灵活得多。也许现在你只关注于自己上司的指示和公司制度等这些束缚你的方面。但随着经验积累，渐渐掌握工作方法之后，那可就是另一番"一览众山小"的景致了。

上司和客户会注意倾听你的意见。说得难听一些，也许现在的你是部门里的"拖油瓶"，只能作为前辈和上司的助理，做做辅助工作，但你一定有听到过他们感谢的话语吧，"多亏你了，真是帮我很大忙呢。"或者是你提出的计划方案得到全部门同事的认同,大家为了实现你的构想全力以赴。

如果是这样,你一定会再次切身体会到如同参加社团活动时体验到的那种浓浓的乐趣吧。这,就是工作真正的趣味所在。

◎ 不要忘记"被赋予的工作"

本书中我重复叙述了社会人士的工作生活与学习生活状况的接续关系。换句话说,成为社会人士的你,要想让工作变得有趣,充实自己今后的人生旅途,就必须时常谨记要"主动学习"。

和学习时一样,"被赋予的工作"通常都不会让人觉得有意思。然而新人时期做的很多都是被指派的工作。

但是在其中,你要想办法学到各种适合自己的东西,就得始终拥有一份主动学习、鼓励自我成长的心境。

如此一来,哪怕是遇到乍一看觉得会很无聊辛苦的工作,也绝对能发现隐藏于其中的那些能丰富你人生的全新内容和乐趣。

在你的周遭是不是有这样的同事——被迫忍受着"被委派的工作",一脸不高兴却也不得不做?

而如果你在面对工作时保持主观能动性,即便你和同事接受的是同样的工作,在接受任务的当下,你已经与他拉开了很大的距离。

也许你们中间有人是"受公司指示"才来读这本书的吧。那么我想对这样的读者说,请忘记"被指示"这件事,再一次从头读起吧。"啊,原来是这么回事。"——你一定会领悟到更多东西,而发出如此感叹。这样,你才是第一次"主动"地在阅读这本书。

◎ 改日在某处见面吧

书里我提过好几次,一年中我会举办240余次演讲和研讨会,还会定期举行公司学习会等活动。相信不久之后,在这样的场合能有机会和读者您直接会面呢。

到时希望能见到和进公司之初相比,获得迅速成长的您本尊,也殷切期盼着这本书多少能对您的工作、生活有所帮助。

出版后记

在现代商业社会中,随着科技的飞速发展,知识、信息的迅速更替,职场竞争也日益激烈,一个人想在职场中步步高升并非易事,因此每个人从上班的第一天开始,总会迫切期望成为职场上不可或缺的人才、最受企业欢迎的员工。但是到底什么样的员工才能让公司离不开,我们又该如何让自己更具有市场价值呢?

刚进入职场,大家会有很多困惑。比如总是被其他部门的同事任意指使而不知道该怎么拒绝;犯了错该诚实告诉上司还是自己悄悄处理;同时交代下来好几样工作,该怎么恰当地安排顺序;老板从不体谅你的难处,只是一味要结果……

职场路不顺,不是努力不够就是方法不对。然而努力与否是靠自己,方法对错却是靠指引。作为日本经营界传奇人物的小山升,自2001年继任武藏野的董事长开始就在公司内开创了一项新的事业内容:经营支持。即将自己多年来积攒的领导、经营秘诀传授给日本各地大小企业的经营者。他眼光犀利、比喻诙谐,在日本业界拥有大量拥趸。本书是他第一次站在经营者的立场上为一般职员建言献策。

他针对即将进入职场和初入职场的上班族会面临的职场不适症状，给出了自己独特的针对性建议。除了应有的职业态度与工作方法，还教大家如何做好职场个人管理、培养高效能的工作效率及职场 EQ；如何面对职场竞争，运用职场人际关系法则，掌握策略，与他人有效合作；如何与上司、同事和平共处；如何纾解工作压力；被骂情绪的处理；工作时间分配管理；如何建立个人内外形与口碑，让上司看到你的价值等……他对常见的职场问题提供了明晰的解决之道，希望帮助职场人在工作中找到自己的意义与定位。推荐给初入职场的社会新鲜人阅读。

看完这本书，希望你能清楚自己能做什么、正在做什么、应该做什么、还在等什么，并且认真分析职场形势、找到社会需求与个人兴趣的结合点，创造出属于你的职场优势！

服务热线：133-6631-2326　188-1142-1266
服务信箱：reader@hinabook.com

后浪出版公司
2015 年 7 月

图书在版编目(CIP)数据

准备好了吗？开始工作吧！/（日）小山升著；陈怡萍译. ——北京：北京联合出版公司，2015.8
(小学堂)
ISBN 978-7-5502-5701-6

Ⅰ.①准… Ⅱ.①小…②陈… Ⅲ.①职业选择—通俗读物 Ⅳ.①C913.2-49

中国版本图书馆CIP数据核字（2015）第164974号

KAISHANO NO KITAEKATA written by Noboru Koyama.
Copyright © 2013 by Noboru Koyama. All rights reserved.
Originally published in Japan by Nikkei Business Publications, Inc.
Simplified Chinese translation rights arranged with Nikkei Business Publications, Inc.
through Bardon Chinese Media Agency

准备好了吗？开始工作吧！

著　　者：（日）小山升
译　　者：陈怡萍
选题策划：后浪出版公司
出版统筹：吴兴元
特约编辑：薛茹月
责任编辑：昝亚会　徐秀琴
封面设计：郭　鹏
营销推广：ONEBOOK
装帧制造：墨白空间

北京联合出版公司出版
（北京市西城区德外大街83号楼9层　100088）
北京正合鼎业印刷技术有限公司印刷　新华书店经销
字数102千字　889×1194毫米　1/32　6印张　插页2
2015年8月第1版　2015年8月第1次印刷
ISBN 978-7-5502-5701-6
定价：29.80元

后浪出版咨询(北京)有限责任公司 常年法律顾问：北京大成律师事务所　周天晖 copyright@hinabook.com
未经许可，不得以任何方式复制或抄袭本书部分或全部内容
版权所有，侵权必究

本书若有质量问题，请与本公司图书销售中心联系调换。电话：010-64010019

麦肯锡入职培训第一课
让职场新人一生受用的逻辑思考力

著　　者：（日）大岛祥誉
译　　者：颜彩彩
书　　号：978-7-5502-5125-0
出版时间：2015.7
定　　价：28.00元

迄今为止，我在职业生涯中遇到过这样那样的困难，正是借助了进入麦肯锡第一年内磨炼出的问题解决技巧或工作法，才成功地跨越了各个难关。

——大岛祥誉

解决问题的根本就是逻辑思考力，在现实社会里，只要拥有逻辑思考力，答案随时都会出现。

——日本管理大师，大前研一

内容简介

全球最著名的咨询管理公司麦肯锡是如何培训新人的？为什么麦肯锡新人能在短短几年内"脱胎换骨"，从菜鸟变成无往不胜的职场精英？是什么让"麦肯锡毕业生"走到哪里都抢手，在各行各业创造非凡的成就？

在本书中，麦肯锡资深管理咨询师大岛祥誉将为你揭秘"麦肯锡新人培训计划"中最精华的部分——逻辑思考。的这种包含"批判性思考+逻辑性展开"的独特思考方式，是由一代又一代麦肯锡精英在工作中的不懈努力凝聚而成。它不仅能让你在刚进入职场时摆脱"处处碰壁"的尴尬处境，更能在未来的工作和生活中，为你提供跨越重重难关的力量。

跟随作者的指引，从未进入麦肯锡的你也可以学到麦肯锡的超一流工作术，为自己的职业生涯打下坚实有力的根基。